职业院校“十四五”系列教材

闪光的青春
——技能成才　技能报国

贾磊利　著

机械工业出版社

本书以“技能成才·匠心筑梦”为主线，通过19位师生真实鲜活的成长故事，生动展现了宁波技师学院师生在技能成才、技能报国道路上的奋斗足迹。全书以千帆逐浪之“追梦”“追光”“追寻”为上篇，聚焦宁波技师学院青年学子的成才之路，记录青年学子从技术小白到国赛冠军的蜕变历程；以遇见最美的年华之“筑梦”“踏浪”“守望”为下篇，聚焦宁波技师学院教师团队初心育人、技创未来的耕耘之路，讲述一群前赴后继的工匠之师以匠心育匠心的育人故事。书中既有车间实训的火花四溅，也有世界技能大赛的巅峰对决，更有校企协同创新的生动实践，立体呈现新时代技工院校师生“执着专注、精益求精”的精神风貌。

本书既可以作为职业院校、技工院校学生的辅学读本，也可以作为广大思政课教师备课的辅助材料。

图书在版编目（CIP）数据

闪光的青春 ：技能成才 技能报国 / 贾磊利著. 北京 ：机械工业出版社，2025. 5. -- (职业院校“十四五”系列教材). -- ISBN 978-7-111-78319-0

Ⅰ. K826.16

中国国家版本馆CIP数据核字第20259Z72E8号

机械工业出版社（北京市百万庄大街22号 邮政编码100037）

策划编辑：黄倩倩 责任编辑：黄倩倩

责任校对：杨 霞 张雨霏 景 飞 封面设计：马精明

责任印制：张 博

北京机工印刷厂有限公司印刷

2025年6月第1版第1次印刷

184mm×260mm·7.5印张·183千字

标准书号：ISBN 978-7-111-78319-0

定价：35.00 元

电话服务	网络服务
客服电话：010-88361066	机 工 官 网：www.cmpbook.com
010-88379833	机 工 官 博：weibo.com/cmp1952
010-68326294	金 书 网：www.golden-book.com
封底无防伪标均为盗版	机工教育服务网：www.cmpedu.com

自序

2019年开始，本人因工作岗位调整，从一位电子商务专业教师转至学校信息宣传岗位任职，开始陆陆续续采写宁波技师学院师生成长的故事，迄今为止已采写了学校三十余位师生，用镜头记录下了十余位师生的影像故事。在与他们的交流中，传承与梦想在笔墨流转间切换，求索与践行在影音帧画中刻录，总能在宁技（宁波技师学院简称为“宁技”，后同）师生身上看到淳朴、执着、坚毅而果敢的美好品质。

他们是我国技工教育体系中的萤烛末光，但正是这微微之炬，点亮了技工教育人的画像；他们是历史洪流中的沧海一粟，但恰是这万千一粟，推动了时代滚滚向前的进程。在他们的成长之路上，被否定、被忽视、被边缘……这些不被赋予美好的词语似乎成了他们的标签；不服输、不认输、不怕输……这些倔强的词语似乎也成了他们的标签。

一直想着要让更多的人看到这些平凡且美好、普通又珍贵的人。因为他们就是我们，没有惊天地泣鬼神的事迹、没有感天动地的奉献，有的就是普普通通、踏踏实实、一根筋地去做成一件事，所以在他们的身上也许你会看见曾经的自己，看见平凡的普通，看见人生除了努力还是努力的不二法宝。他们就像我们生活中的另一个自己，告诉我们世界上最可怕的不是别人说你不行，而是你自己认为自己不行。

感谢这一方热土，让我对技工教育有了全新的认知；感谢这一隅方寸，让我有了别样的人生体验；感谢这一群伙伴，让这些美好的故事变成一个个萤火，为黑暗中前行的人们带来光亮！

贾磊利

前言

2019 年 3 月 18 日，习近平总书记在北京主持召开学校思想政治理论课教师座谈会并发表重要讲话。他强调，办好思想政治理论课，最根本的是要全面贯彻党的教育方针，解决好培养什么人、怎样培养人、为谁培养人这个根本问题。办好思想政治理论课关键在教师，关键在发挥教师的积极性、主动性、创造性。“大思政课”我们要善用之，善用“大资源”，实现启智润心，搭建“大平台”，汇聚育人合力。新时代学校思政课建设推进会于 2024 年 5 月 11 日在北京召开，会上传达了习近平总书记对学校思政课建设作出的重要指示。新时代新征程上，思政课建设面临新形势新任务，必须有新气象新作为。要不断开创新时代思政教育新局面，努力培养更多让党放心、爱国奉献、担当民族复兴重任的时代新人。会议精神为我们做好思政课工作进一步指明了前进方向，提供了根本遵循。

本书是通过对宁波技师学院师生多年来持续追踪编写而成的成长记录。从最初的典型人物事迹宣传，著者发现这些人物之间存在千丝万缕的联系，或是师徒传承的佳话、或为子承父业的世家，在一个个鲜活的成长故事中，著者对人物成长脉络和成才故事进行重新梳理，并结合作者多年来对技工教育发展和技能人才培养的思考，以“人物背景介绍—成长事迹故事—相关后记述评”为挈领，将人物的成长成才与技能人才队伍建设的思考结合起来，让本书既有可读性，又具思考性。

本书主要面向全国技工院校、职业院校师生群体，特别适合作为技工院校、职业院校思政教育、专业认知教育的辅助读物，也可为关注技工教育的家长、企业提供育人参考。书中特别设置“后记评述”栏目，针对每位师生的成长轨迹和技能人才培养逐篇撰写述评；配套“我们都是追梦人”系列微纪录片。全书以质朴的文字与纪实影像相融合的方式，为青年学子树立成长路标，为技工教育传播时代强音，是一部有温度、有深度的青春励志读本。

由于著者水平有限，书中难免有不当之处，望广大读者批评指正。

著者

目录

自序

前言

千帆逐浪之追梦篇

蒋昕桦：野百合也有春天 // 2

【背景介绍】 为中国实现世赛金牌“零”的突破 // 2
【他的故事】 逆风少年 举重若轻 // 3
【后记述评】 “拧螺丝”金牌背后的思考 // 7

翁研：追风少年在这里成长 // 10

【背景介绍】 续写宁波在重型车辆项目的冠军之路 // 10
【他的故事】 翩翩少年 温润如玉 // 11
【后记述评】 新时代 新青年 新技能 // 14

高吉：满分热爱成就多一度的精彩 // 16

【背景介绍】 培养重型车辆维修冠军的教练 // 16
【他的故事】 冠军教练“土生土长” // 17
【后记述评】 当亚运会遇见全国技能大赛 // 20

汽车创业：让“后浪”们心中有火，眼里有光 // 22

【背景介绍】 宁技汽车人创立博派至诚汽车服务中心 // 22
【他的故事】 博派汽车修理店创业背后的宁技故事 // 23
【后记述评】 拥有选择的权利——Z 世代 // 26

千帆逐浪之追光篇

徐容平：努力不一定会成功，但不努力一定不可能成功 // 28

【背景介绍】 一个技校生的人生逆袭 // 28
【他的故事】 精彩人生 始于技校 // 29
【后记述评】 当技校生遇见人大代表 // 33

许明明：我是不一样的烟火 // 36

【背景介绍】 第 42 届世界技能大赛塑料模具工程项目备选选手 // 36
【他的故事】 追光而遇 沐光而行 // 37
【后记述评】 长大后我就成了你 // 39

张益：用技能点亮梦想之光 // 41

【背景介绍】 完美接过学长递交的接力棒 // 41
【他的故事】 始于“追星”，成于“明星” // 42
【后记述评】 一粒种子也有微光 // 43

韦顺水：靠技能走出大山的青年榜样 // 44

【背景介绍】 贵州省第一位世界技能大赛中国集训队选手 // 44
【他的故事】 用技能点亮更多人的人生 // 45
【后记述评】 精准脱贫，“技”往开来 // 47

千帆逐浪之追寻篇

夏琦男：用匠心焊出青春梦想 // 50

【背景介绍】 毕业于技工院校的“四有”好老师 // 50
【他的故事】 不啻微芒 造炬成阳 // 51
【后记述评】 焊花飞舞的背后是脚踏实地 // 54

丁澄洋：爱上那道炫酷的弧光 // 55

【背景介绍】 焊接“世家”的传承 // 55
【他的故事】 丹霞夹月明，弧光出云间 // 56
【后记述评】 何谓热爱？ // 59

徐志勤：沿着前辈的足迹勇往直前 // 61

【背景介绍】 宁波技师学院的第一位焊接“全国技术能手” // 61

【他的故事】 从“技术小白”成长为“全国技术能手”// 62
【后记述评】 守得云开见月明 // 64

遇见最美的年华之筑梦篇

刘庆华：让“中国红”惊艳世界技能舞台 // 66
【背景介绍】 重型车辆维修项目专家组组长 // 66
【他的故事】 奋斗者 正青春“从 0 到 1”重装起步 // 67
【后记述评】 一万年太久，只争朝夕 // 71
朱伟刚：因为专注所以专业 // 73
【背景介绍】 宁波技师学院的制图达人 // 73
【他的故事】 罗马不是一天建成的 // 74
【后记述评】 功成不必在我 功成必定有我 // 75
王旭：用传统手艺雕塑时光故事 // 77
【背景介绍】 宁波技师学院精细木工项目的领航人 // 77
【他的故事】 造物之人的玲珑心 // 78
【后记述评】 让传统手工艺在新时代焕发时代光彩 // 81

遇见最美的年华之踏浪篇

赵鹤：用技能书写别样青春 // 84
【背景介绍】 以技能走进大学，再从大学走向技能 // 84
【他的故事】 以青春之我 圆梦青春 // 85
【后记述评】 予青春以技能 让梦想万丈光芒 // 87
陈弢：我的理想很简单 // 90
【背景介绍】 宁波技师学院电器维修达人 // 90
【他的故事】 平凡之路 // 91
【后记述评】 我们需要学历还是技能？ // 93
贺陈挺：我就是你的起点 // 95
【背景介绍】 宁波技师学院数控达人 // 95

【他的故事】 唯有自变，人生才会发生改变 // 96
【后记述评】 点燃内心之火：找到自己的内驱力 // 98

遇见最美的年华之守望篇

韩杰：尽己所能带好这群孩子 // 102
【背景介绍】 学生口中的“韩爸爸” // 102
【他的故事】 三个“多一点”成就的大爱 // 103
【后记述评】 微微风簇浪 散作满河星 // 105
郝灵梅：一个被称为“郝妈”的好老师 // 107
【背景介绍】 学生口中的“郝妈” // 107
【她的故事】 父辈的传承 // 108
【后记述评】 传承的力量 // 110

千帆逐浪之追梦篇

蒋昕桦：

野百合也有春天

蒋昕桦在 2022 年世界技能大赛特别赛上斩获重型车辆维修项目金牌

【背景介绍】 为中国实现世赛金牌“零”的突破

“闭幕式上，当主持人喊出我的名字和 CHINA（中国）的时候，我像个‘串天猴儿’一样兴奋地从座位上蹦了起来，一路冲上最高领奖台，高举五星红旗，抒发自己心中的激动之情。”

奥地利当地时间 2022 年 11 月 27 日，2022 年世界技能大赛（以下简称世赛）特别赛奥地利赛区闭幕式上，当主持人宣布中国选手蒋昕桦获得重型车辆维修项目金牌时，蒋昕桦和现场所有的中国队队员都欢呼起来，实现了中国队在该项目上金牌“零”的突破。

消息传到国内，“浙江 00 后小伙修车修出世界冠军”一时间冲上网络热搜。其实，重型车辆维修项目不像大家看上去的那样量一量、测一测、拧拧螺丝这么简单。重型车的范围很广，既包括集卡（集装箱运输车）、挖掘机、推土车，也包括很多大型的采掘设备、农机设备，但这些重型车不具有通用性。这就要求重型车辆维修人员要能够看懂各种设备的英文说明书，不仅要能看懂，还要会说。因为这些重型设备如果现场操作不当，就有可能会引起车毁人亡的严重事故，所以比赛现场每一步操作都要和裁判进行沟通说明，在裁判觉得不会引起任何危险时，才允许操作。和其他世赛项目相比，重型车辆维修项目显得格外特殊，对选手的各项能力考核要求也特别高。比如，这次参赛的机型——利勃海尔轮式挖掘机就是赛前一个月才公布，国内根本没有这个机型，这是蒋昕桦第一次知道这个机型，所以到达奥地利后，团队就立即寻找各种机会，尽快熟悉和接触这个机型。

“所以，领奖那一刻，我把五星红旗披在身上，觉得特别不可思议。这一路走来太难了！曾经的我失利于中考，但技能向我打开了另一扇门，让我觉得野百合也有春天！曾经那个天天被家里人喊着‘要看别人家的孩子怎么做’的我，也成了别人口中的‘别人家的孩子’，这种感觉特别棒！我向世界证明了‘中国技术’，展现了‘中国青年’的风采，我也向自己证明了‘我很棒’！那一刻我会永记于心！”蒋昕桦说。

【他的故事】 逆风少年 举重若轻

蒋昕桦平时训练图

在宁波技师学院有这样一位同学，他是同学眼中刚满 18 岁就能拿到“全国技术能手”荣誉称号的牛人，是 20 岁夺得 2022 年世界技能大赛特别赛金牌、为中国实现世界技能大赛重型车辆维修项目金牌“零”突破的传奇少年，但他却觉得自己没什么特别。

蒋昕桦认为他既没有“高智商”，也没有大家希望的那种“八面玲珑”，他只是一个普普通通、还略有腼腆的“大男孩儿”。如果非要让他说自己身上有哪种特质的话，那应该就是“小强”那种打不死的倔强劲儿吧！他，就是 2022 年世界技能大赛特别赛重型车辆维修项目金牌获得者——宁波技师学院蒋昕桦，一位逆风飞翔的倔强少年。蒋昕桦说直到现在还感觉一切都像梦一样，有点不敢相信，从小到大，他从来都没有这么受欢迎、被关注。比赛结束至今，他一直都在回忆备赛到参赛的这段经历，看着周围熟悉的一切，此刻的他，感觉特别幸运、也特别幸福。

一、从兴趣到热爱，技能让他重拾信心

蒋昕桦，出生在一个普通的工人家庭，父亲在一家修车厂上班，他从小玩得最多的玩具就是各种扳手，家里凡是能拆的东西都被他拆了个遍。2017 年中考结束后，蒋昕桦基于自己的兴趣爱好决定走学技能这条路，选择就读宁波技师学院汽车维修专业。进入学校后，因为入学成绩不理想，蒋昕桦同学始终不爱说话，但随着学习的深入，他发现职业教育与基础教育有着很大的不同，不唯分数论，是理论和实践的结合。他在实训过程中，发现自己在实操课上动手快、学习能力强，让他在技能学习中找到了自信，这份自信重燃了他对学习的信心，让他从被动学习，变为主动学习，于是开启了自我蜕变的成长之路。

世界技能大赛冠军杨金龙的事迹报告让他感触颇深，觉得技能不仅仅是一份谋生的手段，学的好的话也可以闪耀世界舞台。那一刻，他就和自己说：“蒋昕桦，你也要加油！你和杨金龙一样优秀！”于是他每天往返于教室和实训车间，也正是这份执着，让他在 2018 年 12 月学校组织的重型车辆维修项目技能比赛中取得了第五名，有幸加入学校重型车世赛训练团队。于是，热爱动手实践的他，把课余时间都花在重型车车间内和与各种训练设备打交道中，中午从不休息，夜自习下课后也会到车间训练到寝室熄灯。在车间训练的他，一直反复琢磨精准、高效的基础测量方法，进行基本功训练。种下行为收获结果，蒋昕桦说他十分感谢昨天刻苦训练的自己，也正是无数个昨天的努力才有了今天坚实的基础。因为喜欢，所以热爱！

二、从训练到比赛，技能让他破茧成蝶

当他接触重型车辆维修项目时，教练就曾和他说，重型车辆维修项目欧美国家占优势，因为比赛使用的所有设备都是欧美国家的顶尖设备，设备操作面板、说明书全是英文，而这些设备在国内又极少见。同时，比赛的赛题和评分点赛前不公布，题量巨大，正常情况下 5~6 个小时才能完成的题目，要求选手在 3 小时内完成，在操作过程中还要时时和执裁用英语沟通，这些都是中国选手要面临的挑战。教练问他有没有做好全方位魔鬼训练的心理准备，他虽然斩钉截铁地回答“准备好了”！但其实当时心里还是有些不安的，一是担心英语不过关，二是担心技术不达标。可他总会讲起《我和我的祖国》中《前夜》背后的故事，说“有困难不可怕，害怕困难才可怕。”

蒋昕桦说：“英语学习、体能训练、基本功磨合，每天早上五点校园的模样我最清楚，晚上十一点校园静谧中的鼾声我最熟悉。”他下决心要把自己缺少的知识补上来、没有的体能练上去、不快的速度提上来，那时候的蒋昕桦感觉对技能训练达到了一种“不疯魔不成活”的状态。有一次，同学问他：“蒋昕桦，每天这样训练不累吗、不枯燥吗？”他笑了笑说：“累啊、苦啊，但是年轻不就是要吃苦受累的吗，现在不吃苦受累那以后就得吃更大的苦、受更多的累。”

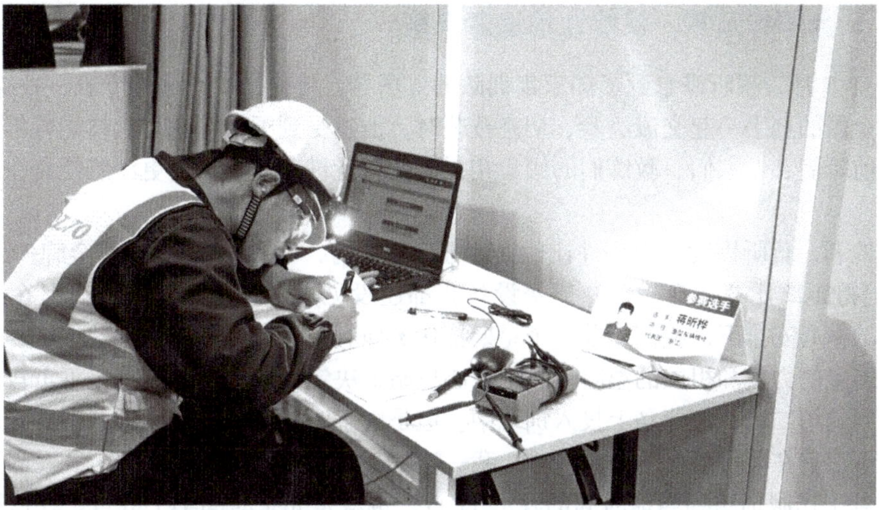

2020 年 12 月蒋昕桦参加第一届全国技能大赛比赛现场图

备赛训练是枯燥的，世赛竞争是激烈的。每月小考核，选拔大考核，让蒋昕桦同学内心目标剑指校内考核前两名。因为他清楚，只有前两名的选手才能有机会参加省选拔赛。而那时他最好的成绩只有第 3 名，怎么办？他也曾焦虑过，同时还在考核中因为焦虑和紧张，没能进入前两名大名单，被预选赛淘汰，那一刻他也怀疑过自己，痛定思痛后，他觉得应该要有“小强”的精神，不能就这么轻易把自己否定掉，于是他仔细分析自己的问题，觉得自己把比赛看得太重，以至于只想着成绩，而忽略了技能本身的提高，于是他又开始把更多的时间花在基础训练上，同时改变了训练方法，最终在 2020 年浙江省技能大赛重型车辆维修项目中收获了梦寐以求的第一名，获得代表浙江省参加中华人民共和国第一届职业技能大赛的入场券，同时在比赛中获得金牌。那一刻的他，觉得野百合也有春天！

蒋昕桦获得第一届全国技能大赛重型车辆维修项目金牌

三、从金牌到归零，技能让他追梦未来

2021 年 5 月，蒋昕桦拿到了国家集训队的入场券，接受来自全国的专家、教练的指导，在与来自全国的选手一起交流经验、切磋技艺时，他感受到了他们这一代技能青年身上的向上之力。前辈们、专家们、教练们的倾囊相授，让蒋昕桦备受感动，更深感使命在肩、时不我待。

在奥地利，蒋昕桦发生了一件让他终生难忘的事情，“差点儿就和这枚金牌失之交臂。”他说，“记得距离比赛还有一周，比赛设备我都还没见过，心里始终没底。但在人社部和省市领导的精心安排下，我们提前一个星期抵达奥地利，来到提前联系好的训练场地，让我感受到了国家的力量和祖国的温暖，我也在心里暗下决定，绝不辜负国家也不负自己，于是我到奥地利的第二天，便能马上投入训练中。但是由于时差还没有调回来，困意充斥着我全身，为了不浪费在萨尔茨堡的一分一秒，我一连喝下了三杯浓缩咖啡。那天我在零下几度的冷风中穿着工作服训练到当地时间的晚上 11 点，也就是北京时间早上 6 点。在返回酒店途中我身体十分难受，险些送去医院抢救。那天晚上部里的领导、专家和翻译都在一旁关心我照顾我，让我特别感动，休息一晚后我很快恢复了，第二天一大早又马上投入到了训练当中。”

2022 年世界技能大赛特别赛蒋昕桦在奥地利比赛现场图

每次蒋昕桦回忆起这段经历时，总说也不知道自己哪里来的那股子倔强和“虎劲儿”，再后来，大家也都知道了，他以绝对优势获得了该项目金牌，为中国实现了该项目金牌“零”的突破。可以说这枚世赛金牌，浓缩着重型车辆维修项目国家队近十年的不懈努力，所以它属于国家、属于整个团队。蒋昕桦说，获奖归来他接受了很多采访，看到了很多报道，有幸成为自己家乡“奉化工匠”的代言人，这些都让他感受到了社会对技能人才的关注和厚爱。有一段时间，他曾彷徨，这些关注让他感受到了无形的压力。于是他再一次静下心来，回看自己走过的这条路，也想起自己曾经的经历，于是他告诉自己，金牌属于过去的自

己，现在又是从零出发。

2022 年世界技能大赛特别赛蒋昕桦（左一）在奥地利与各国选手合影

蒋昕桦说，起点在不断升级，追求的目标也在不断升级，每一次的归零都是重新起航，都意味着要重新出发。尤其是在备战集训期间，心态更坦然平和了，适应也更自如从容了，在同身边来自全国各地的大师请教、交流中，让他深刻感受到了“大家”和“国家”的力量，也更加坚定了技能追梦的脚步。

【后记述评】“拧螺丝”金牌背后的思考

在蒋昕桦的身上，总能看到一种执着，看到新时代青年一代在技能追梦路上的矢志践行。“新青年、新技能、新梦想”是召唤和使命，更是新时代青年一代的责任与担当。愿吾辈之技能青年，在中华民族伟大复兴历史进程中，奏响技能强国的青春乐章！

可是，就在“宁波技师学院蒋昕桦代表中国在 2022 年世界技能大赛特别赛上勇夺重型车辆维修项目的金牌，实现中国在该项目上金牌零突破”这则新闻播出时，宁波选手第一次站到“世界技能奥林匹克的最高领奖台”的这条消息一下子让宁波这座奥运之城、冠军之城再次沸腾！新华社、中央广电总台、人民网、环球时报、工人日报、光明日报、参考消息等央媒，以及甬派、宁波日报、宁波晚报等当地多家主流媒体对蒋昕桦夺冠之路进行了报道，24 小时全网点击率突破 5000 万次，同城热搜第一名，与此同时也收到了很多热心网友的留言。网友的热议，引起了我的思考。

一、中考失利，显得低人一等？

很多网友对蒋昕桦中考失利选择就读宁波技师学院这一点有些微词，认为这样描述显得就读技工院校是一件特别抬不起头的事情。技工教育作为职业教育的一种类型，为何会出现这样一种晕轮效应？

作为一名从事技工教育十余年的教师，每次写到技工教育是“兜底教育”这四个字时，心里总觉得疙疙瘩瘩。直到在一次采访时，听到原宁波技师学院李世存校长讲的那句话，顿时觉得豁然开朗。“一个产业高速发展是需要相应的优质产品与服务支撑的，这就需要有科学家、工程师去研究设计，同时也需要将这些美好的设计转变为现实产品的技能人才，没有能工巧匠就没有优质的产品与服务”李世存校长说道。

是的，不是人人都要成为于敏、袁隆平、屠呦呦这样的科学家，也不是人人都要成为高凤林、徐立平、竺士杰这样的大国工匠。作为社会中一个普普通通的人，我们需要的是人人皆可成才、人人尽展其才的社会环境、成长环境。既不要过度内卷，也不要完全躺平，而是在成长道路上找到一条适合自己的冲刺路径。也许在基础教育阶段，部分孩子成绩不理想，因此失去了其中一条道路的选择机会，但并不意味着彻底没有了选择。

职业教育也是一条阳关大道，在这条大路上，依然可以绽放光彩，蒋昕桦同学的故事就是很好的展示。中考的结果，只是人生成长路上的经过与节点，进入宁波技师学院，学技能也是一种选择，恰好这两个事实的耦合，突显了职业教育尤其是技工教育的特点和其在人才培养过程中的基石作用。

2022 年 12 月，浙江省人社厅印发了《关于进一步加强高技能人才与专业技术人才职业发展贯通的实施办法》的通知，这是一份事关全省 300 多万高技能人才职业发展的文件，这份文件让更多的技能青年看到了技能向未来的无限可能，也让技工教育工作者切实感受到了从事技工教育的底气、硬气和骨气。

二、拧螺丝，显得一点都不高大上？

不论是在网络世界里，还是在现实生活中，进厂拧螺丝可能会让人想到卓别林的电影《摩登时代》的画面，很容易给人一种没有出息、没有前途的认知。但是如果有人问你，维修的第一步是什么？你会怎样回答。是的，先从拆开始的；如果再问你，拆的第一步是什么，是拧螺丝；拧螺丝用什么？是不是一把工具就可以搞定？是不是不同型号的螺丝得用不同的适配工具……

其实“拧螺丝成世界冠军”只是一个形象的比喻，就比如这次世赛“刮腻子刮出世界冠军”“剪头发剪出世界冠军”，这些表述有趣、生动、接地气，犹如一面镜子，打破了人们的刻板印象，提醒和启发人们——将看似简单的事情做好、做到极致，同样可以成为技能型劳动者，同样可以走技能成才、技能报国的道路。

一颗颗螺丝看似不起眼，实际上作用却不容忽视；拧螺丝看上去很容易，有时候却没有那么简单。几十吨重的重型车辆，它的螺丝就不是一般人拧得动的。如果要在规定的 3 个小时内完成排故和维修，没把子力气和技巧，一般人还真不一定既拧得下又旋得上，还修得好。如果现场操作不当，会导致严重事故，可谓“差之毫厘谬以千里”。

精益求精、尽善尽美，一个出色的技术工人，不仅能在和他人的竞争中获得成长，也能在和自己的较劲中不断进步；“拧螺丝成世界冠军”不仅见证了一位“00后”技校生的破茧成蝶，也见证了一位技能少年不断超越自我、不断突破自我的自强不息与坚韧不拔。

三、平凡也能绽放光彩

“拧螺丝成世界冠军”不仅为技工教育增光添彩，也为很多尚未开化的青少年提供了一个样板。恰如“一时强弱在于力，万古胜负在于理”，一时的成绩只是一次结果的反馈，不代表着最终的结果；成长是由无数个经历和节点组成的，这些离散点最终拟合出每一个人的成长轨迹和态势分布，所以，致每一个年少的你、致每一个奋斗的自己，过去的结果只是经历，现在的行为才是开始。“心在一艺，其艺必工；心在一职，其职必举”。干一行、爱一行，专一行、精一行，行行都可以出状元，刮腻子、拧螺丝、剪头发也不容小觑。“择一事终一生”的执着专注，“干一行钻一行”的精益求精，“偏毫厘不敢安”的一丝不苟，“千万锤成一器”的卓越追求，各行各业都需要这样的工匠精神。

三百六十行，行行出状元，成才的道路不止一条。当我们能坦然面对中高考失利，技能成才、技能报国的冲刺之路也会让更多技术工人喷涌而出，成为中国制造、中国创造强有力的战斗机，在中华民族伟大复兴历史进程中，奏响技能强国的青春乐章！

翁研：

追风少年在这里成长

2023 年 9 月翁研在第二届全国技能大赛上荣获重型车辆维修项目金牌

【背景介绍】 续写宁波在重型车辆项目的冠军之路

“走到今天这一步，拿到世赛的入场券，可以说已经离梦想越来越近了”，说着说着眼前的这位翩翩少年忍不住流下了眼泪，“这是我一直以来的梦想，从踏入宁波技师学院的那一刻起，我就在想怎么才能让技能为我插上梦想的翅膀，我做了很多努力，也做了很多尝试，这其中有过失利的痛苦，也有过失败的心酸，但正是这么多次的跌倒，才有了今天的成长与自信。值了！”

2023 年 9 月 19 日，中华人民共和国第二届职业技能大赛（简称第二届全国技能大赛）在天津落下帷幕，宁波技师学院 00 后选手翁研以精湛的技艺和沉稳的心态，获得了重型车辆维修项目的金牌，为学校实现了该项目的成功卫冕，同时也为宁波市实现了该项目的金牌蝉联，翁研也顺利入选第 47 届世界技能大赛该项目中国集训队。2024 年 3 月 25 日，在第 47 届世界技能大赛集中考核（六进一）中，翁研在 6 位选手中以精湛的技艺拔得头筹，将代表中国赴法国里昂参加第 47 届世界技能大赛，这是宁波选手第二次在重型车辆维修项目上代表中国参加世界技能大赛。2024 年 9 月，翁研在法国里昂第 47 届世界技能大赛上获得重型车辆维修项目第四名（优胜奖）。

【他的故事】 翩翩少年 温润如玉

翁研日常训练图

翁研，21 岁，安徽六安人，第二届全国技能大赛重型车辆维修项目金牌获得者，2024 年 6 月毕业于宁波技师学院。

一、扬长避短 选择技能成才之路

翁研与宁波结缘是因为父母被宁波的发展吸引，于是举家来到这座“书藏古今 · 港通天下”的魅力之城。中考结束后，过了普高线的翁研，考虑到自身文科较弱，为了避免文科在高考时的影响，他选择了技工教育，就读于宁波技师学院，坚信“一技之长，能动天下”。所以，在填报志愿时，一方面考虑到自己的兴趣爱好和未来就业，他选择了宁波技师学院汽车维修（汽车技术双创班）专业。

正所谓“世事洞明皆学问，人情练达即文章”。在宁波技师学院求学期间，翁研是学校足球社团的最佳中场、是系部学生会的活跃分子、是学校食堂勤工俭学的兼职小哥，这些都让他看到了生活的丰富多彩，也锤炼了他多方面的能力，让他显得与众不同。

翁研在纪录片《我们都是追梦人》拍摄现场图

二、机缘巧合　叩开重车维修之门

2019 年，学校在拍摄《我们都是追梦人》的纪录片时，翁研被选为学生代表，参与拍摄以重型车辆维修项目教练高吉为代表的一群留校的宁技人的奋斗故事。当他看到最终的成品时，他觉得那个小男孩就是他自己。而他也要像片中的小男孩一样，在宁波技师学院老师的带领下，沿着前辈的足迹追逐信念，圆梦韶华。

从那以后，他是学校重型车实训车间的常客。从每周回家一次，到每个月回家一次；从第一次考核有不合格，到第二次考核小失误、再到第三次考核全过关，点滴的进步让他看到了努力的收获，也让他更加坚信了自己当初的选择。

三、淬炼技能　诠释产教融合之道

在 2020 年第一届浙江技能大赛宁波市选拔赛中，翁研以优异的成绩晋级省赛，同时也赢得了去其他企业和学校交流的机会。这期间翁研跟着老师去过上海，走过安徽，到过杭州，也打卡过金华。这段经历扩展了他的眼界，也让他有了更多的思考。2022 年 6 月，在选择下厂实习时，他毫不犹豫地选择了去学校校企合作企业，做一名重型车辆维修人员，要在岗位实践中检验、磨炼自己的技术水平。期间，他刻苦学习技能、兢兢业业工作，受到了企业上下一致的认可。

2024 年翁研在澳大利亚参加世界技能大赛挑战赛图

翁研（右一）在 2024 年世界技能挑战赛上获得重型车辆技术项目的优胜奖

2022 年年底，为进一步加强“重型车辆运用与维修专业”人才培养的师资队伍的力量，在合作企业的大力支持下，翁研决定将自己在企业所学技能带回母校、反哺母校，从事该专业的教学。在 2023 年的国赛中，翁研和自己的学生一同参赛，因为自身丰富的实战经验和过硬的技术水平，让他成了代表浙江参加这个赛项的选手，并最终在国赛赛场上，以精湛的技术水平、过硬的心理素质和良好的竞技风貌，收获了第二届全国技能大赛重型车辆维修项目的金牌，不仅为自己赢得了这枚宝贵的人生第一枚金牌，也为浙江、为宁波、为宁波技师学院蝉联了这个项目的金牌。

在 2024 年法国里昂第 47 届世界技能大赛上，翁研突破重围，在重型车辆维修项目中以总分第 4 名的成绩，为中国夺得该项目的优胜奖。翁研赛后笑着说：“今年 8 月份，法国巴黎结束的夏奥会，让我们看到中国青年一代平视世界的眼光、自信与骄傲，虽然我的法兰西之行略有遗憾，但我依然要感谢技能这条成才之路，让我多了一条平视世界的选择，也让我看到了人生的多种可能。我希望越来越多的年轻人能够在技能这条大路上，抛光打磨、持续精进，让技能成为个人成长才路上闪烁着亮闪闪的金光！”

翁研的路越走越远，也越走越宽，机会在向他招手，努力在为他加速，未来的他，如追风少年般踏着汗水，一往无前！

翁研说：“每一条路都有无尽的未来，只是它或许蜿蜒曲折，或许直通终点。相信自己，相信选择，相信未来。感谢所有可敬、可爱、可亲的前辈们、老师们和各路同仁们！感谢时代、感谢宁波、感谢宁波技师学院为我打开的这扇窗，让我看到了更加广阔的世界！”

【后记述评】　新时代　新青年　新技能

2023 年 9 月 16 日，第二届全国技能大赛在天津拉开帷幕，来自全国 36 个代表团的 4000 余名选手将在赛场上一较高下。从 2020 年 12 月在广州的第一届全国技能大赛到如今的第二届，时隔 33 个月。在这 33 个月的时间里，技能竞赛从最初的试金石变成了如今的炼金场，在全社会掀起了“新”浪潮。主题从“新时代、新技能、新梦想”到“新产业、新职业、新技术”，无论是项目构成、还是项目类别或是参赛选手范围都让人耳目一“新”，也让新时代绽放了“新”声音。

一、从参赛选手年龄看新青年的使命感

青春正好，不负韶华。第二届全国技能大赛，浙江代表团共有 142 名选手参加，其中年龄最大的 54 岁，参加国赛精选项目中的区块链应用操作项目；年龄最小的 17 岁，参加世赛工业 4.0 项目。当众人都以为 54 岁是一个可以躺平的年纪时，我们却看到了“老骥伏枥、志在千里”的技能中年人，依然保持着与时代同频共振的追逐步伐，以一颗青春之心在技能舞台上追逐着梦想；当 17 岁的风发少年，选择技能成才、技能报国这条逐梦之路时，我们看到了“乘风好去，长空万里，直下看山河”的盎然希望。

如果说我们在区块链国赛项目和工业 4.0 世赛项目中，看到了新产业赋予的新使命、新挑战，那么我们则在 54 岁到 17 岁的选手年龄跨度中，看到了新时代下的新青年对新使命的

初心不忘和躬耕践行。一代人有一代人的使命，一代人有一代人的担当，使命的传递就在代际的接替中完成，而以身垂范则是以最佳的姿态完成最美的交接。感谢 54 岁的参赛选手让我们看到了奋斗的最佳姿态，也感谢 17 岁的参赛选手让我们看到了青春的最美绽放，更感谢技能竞赛这个舞台，让我们在新时代解锁了人生的多种可能。

二、从参赛选手学历看新青年的职业观

竞赛不再仅仅是年轻人的试金石，也变成了如今所有人的炼金场。第二届全国技能大赛宁波技师学院共有 13 名选手代表浙江参赛，其中教师 5 名，教师参赛人数是第一届全国技能大赛的 5 倍，也从侧面反映出技能竞赛这个舞台，让很多技工院校教师“卷”了起来。以宁波技师学院参赛选手为例，5 名参赛教师的平均年龄为 35 岁、平均教龄 6 年、均为研究生学历，参加的既有先进制造业项目，也有战略性新兴产业项目，均为本次大赛的新职业赛项。当这群青年教师从讲台走上实战场时，他们的职业观也已从一支粉笔写春秋的星空仰望，转变为“纸上得来终觉浅，绝知此事要躬行”的脚踏实地。

新职业是一个全新的领域，没有现成之路可走。技工院校作为技能人才培养的主阵地，需要的就是学校走进产业、教师走进企业，在与企业和产业的对接中探索新的培养模式。而竞赛则成了从象牙塔中走出、深化专业建设的绝佳炼金场。在参赛过程中，学校可以了解社会对技能人才的素质需求、技能要求和知识储备要求；在备赛过程中，教师以企业第一视角思考专业建设、人才培养和教学内容；在比赛过程中，选手深刻感受新时代的号角和脉搏。可以说，脱下长衫换上工装，转变的不仅是认知，更是对技能的尊重；而再从工装换回长衫，是对“初心”的守望、“师心”的传承，更是对“匠心”星火的撒播。

三、从参赛选手心态看新青年的时代性

从第一届全国技能大赛的 2565 人到第二届国赛的 4000 余人，浙江省从第一届的 95 名参赛选手再到第二届的 142 名，人数的增加反映的不只是赛事影响力的扩大，也反映了各省份对技能人才培养的重视。可以预见的是这一届赛场的较量会比第一届更加激烈。从第一届到第二届，时隔 33 个月。在这 33 个月里，社会大众逐渐认识了国赛和世赛的影响力，在上至国家、下到地方出台的各种技能人才新政中，也可以看到技能人才社会地位的提高，更在各省市的财政保障、政策举措中，读出了对技能人才培养的导向性、明确性和激励性，所以在本届大赛上，选手们备战更加全力以赴，选手们的竞技也必将是“引无数英雄竞折腰”。

技能竞赛是技能人才培养结果最直接的展示平台，它不仅带动了人才培养外部环境体系的建立，也渗透在内部环境对规则的解读和工艺的雕琢上。随着赛制的公开化、透明化，打破了各参赛项目的信息壁垒，也吸引了更广泛的参赛者加入进来，让更多的人开始关注技能、投身技能、尊重技能，这也是技能大赛举办的初衷。但既是比赛就一定会产生名次，一定会有第一名，也会有最后一名，正因为是有这种残酷性的存在，所以才会让每一届技能大赛都显得格外激烈。

高吉：

满分热爱成就多一度的精彩

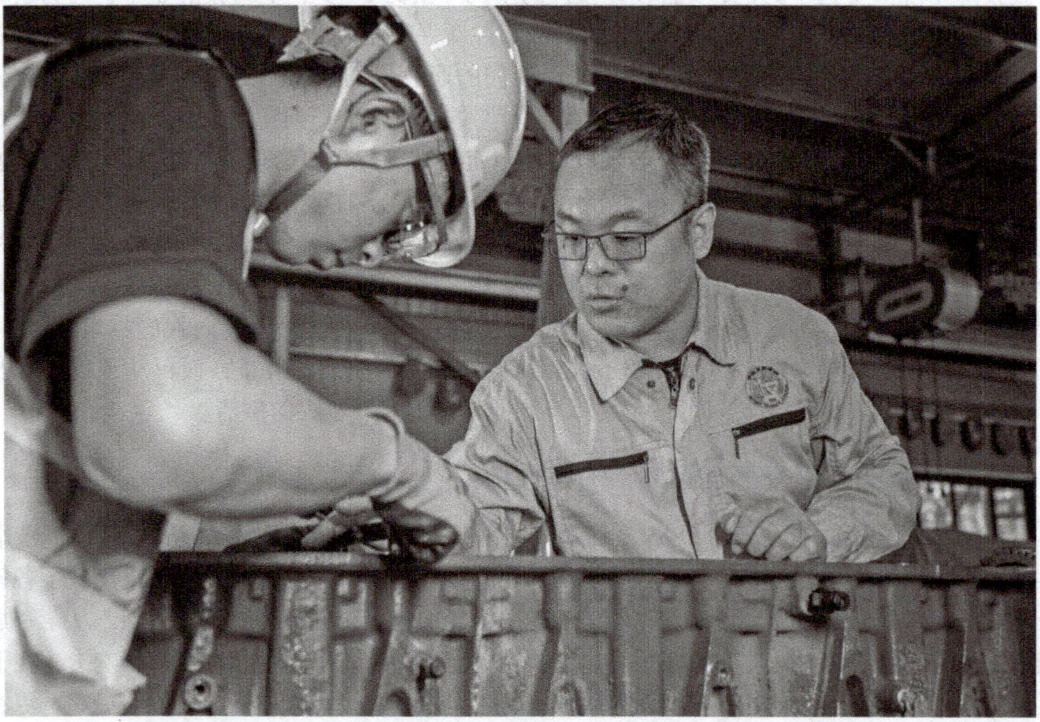

高吉日常指导学生实训教学图（右一）

【背景介绍】 培养重型车辆维修冠军的教练

2023年9月19日晚上，第二届全国技能大赛在天津落下帷幕，颁奖现场，当主持人宣布宁波技师学院选手翁研夺得重型车辆维修项目的金牌和“最佳选手”荣誉称号时，翁研的教练——高吉激动地流下了泪水。

高吉老师流下泪水，不仅是因为这枚金牌是学校在重型车辆维修项目上的成功卫冕，更是他对宁波技师学院这份热爱的传递和续写，更加坚定了高吉老师在重型车辆维修领域技能人才培养的决心。高吉老师经常说“宁波技师学院的育人质量我本人是最有说服力，因为我就是宁波技师学院培养出来的！”

高吉接受中央电视台采访

【他的故事】 冠军教练“土生土长”

宁波技师学院有这样一位老师，还不到40岁的他，已经培养了1个世界技能大赛冠军和2个全国技能大赛冠军。但当你看到他时，也一定会惊讶于他那满头银丝，如果你问他为何这么年轻头发就白了，他一定会笑着说，这是我在宁波技师学院奋斗的证明！他就是宁波技师学院汽车技术系教师高吉。

一、对汽车维修的满分热爱让他对自己有了多一度的认识

高吉，浙江宁波人，身为80后的他，从小就对汽车格外的热爱，2001年中考结束后，他毫不犹豫地选择了来技工院校学习汽车驾驶与维修，3年的技术学习生涯让他收获颇丰，但他依然觉得不够，他始终认为不能只学1就会1，必须要学会怎么从1变成2、3……只有这样才配得上自己的热爱和执着。于是，他在专业老师的建议下，2004年走进了宁波技师学院的大门，学习机电一体化专业，在宁波技师学院完成了4年机电学习，这不仅让他对机械维修有了全面深入的了解，也让他对汽车维修有了多一度的认识。

2008年毕业那年，恰逢宁波技师学院成立汽车维修专业，急需汽修实训教师，希望高吉留校任教。他觉得这是一个际遇和机缘，可以将自己对汽车维修的理解像种子一样播撒下去，让更多的孩子用精湛的技术赢得未来。高吉满怀感慨地说：“没想到一干就是15年，现在学校已经将汽车维修从一个专业发展为一个系部，从小轿车的维修发展到重型车和新能源

汽车的维修，而且还增加了汽车保险与理赔、汽车商务等周边专业，而我也从一个追梦人逐渐变成了筑梦人和圆梦人。”

二、一次企业调研让他对专业有了多一度的执着

如果说留校是高吉的一次际遇，那他的又一次机缘就是宁波舟山港调研。2017 年，高吉在企业走访调研中得知，作为世界第一大港的宁波舟山港拥有较多的重型车辆，而具有维修能力的高技能人才却严重短缺，作为一名车辆维修专业的教师，他心急如焚。于是，他在心里开始琢磨重型车维修的事情。当时高吉也犹豫过，毕竟小车他已经相当熟悉，而重型车维修是一个全新的领域，要重头开始学，而且当时国内相关教材也较少，“从哪里突破”是横亘在高吉老师面前的首个难关。

恰逢世界技能大赛国内选拔开始，高吉在选拔中看到了重型车辆维修这个项目，他眼前一亮，认为这就是突破口。突破口有了，可是自己还不会，“怎么办”是他要面对的第二个难关。他觉得有困难不可怕，维修不就是解决困难的吗？于是，他开启了重型车辆维修的自学与实践。他先后去了卡特彼勒昆山总公司、力士乐液压昆山总公司、北京福田戴姆勒有限公司等地方，并把整个学习过程录制下来。2018 年下半年他曾有两三个月连续在外面出差学习，家都没有回过。高吉说那时读一年级的儿子经常打电话问他什么时候回来？也想让他送一次上学、接一次放学，他当时听了儿子的话心里酸酸的，但是他知道还有更重要的任务在等着他。后来，他儿子就和他爱人说：“妈妈，我也想去宁波技师学院读书，跟爸爸学汽修，这样我就能天天见到爸爸了！”

三、重型车辆维修让他对未来有了多一度的使命

从下沉企业学习到反复观看录像学习，学校成了高吉的“家”，学生成了高吉的“孩子”，他经常带领学生反复观看视频资料并研究训练方法到深夜。高吉现在回想起来，还在说：“我不觉得承认自己不会、模仿别人训练有什么不好，不会那就得学嘛，学不就是得先从模仿开始的嘛，这样反倒让我和学生有了共同讨论的话题！”经过一年的摸索，2018 年，在第 45 届世界技能大赛浙江省选拔赛上，高吉老师指导的学生孙文耀同学以省赛第一、全国第三的成绩进入世界技能大赛重型车国家集训队，而他也成为国家集训队教练。虽然孙文耀最终在淘汰赛中出局离开了集训队，高吉老师心里有些失落，但他也清醒地告诉自己，尽管晋级的选手不是自己的学生，但他们依然是代表中国出征这个项目的备赛选手，自己仍要尽全力去指导。

这段时间，高吉一刻不停地在学，学习别的教练的带队方式、学习其他选手身上的特长，然后琢磨自己缺少的知识体系，再反刍训练内容和相关操作，融入自己平时的教学和带队体系中。2020 年在高吉的指导下，宁波技师学院蒋昕桦代表浙江省夺得了第一届全国技能大赛重型车辆维修项目的金牌，同时蒋昕桦也顺利进入国家集训队，最终蒋昕桦代表中国参加了 2022 年世界技能大赛特别赛重型车辆维修项目的比赛，一举多得该项目的金牌，为中国实现了该项目金牌零的突破，也让高吉经常和同学们分享的那段话变成了现实，“我想起学生时代那颗要用技能报效祖国的初心，到我留校带领同学们一起追逐技能强国的初心，再到我希望看到宁波技师学院的学生能让五星红旗在世界技能大赛赛场上空升起的初心，这一路走来，唯有坚守自己的这颗初心，才能方得始终”。

孙文耀参加第 45 届世界技能大赛中国集训队选拔赛比赛现场图

四、满分热爱将续写更多一度的精彩

讲到第二届国赛的两件事时，高吉满眼放光的。一个是关于比赛车型的选择，他说不仅看到了一些世赛常用品牌的设备，同时也见到了国货之光，那就是具有自主知识产权的民族品牌——潍柴发动机；另一个是关于参赛选手平均年龄在 21 岁左右，他感慨地说重型车辆维修项目参赛选手年龄最小的只有 16 岁，比蒋昕桦参加第一届时还要小 2 岁，看着越来越多的年轻人涌入这个领域，真的让他感到后生可畏、不可限量啊！

2022 年下半年，人社部将重型车辆维修这个世赛项目转化为技工院校“重型车辆运用与维修”专业，宁波技师学院作为该专业的组长校牵头开发国家技能人才培养工学一体化课程标准和课程设置，高吉作为参与者，他觉得这是一件比获得世赛金牌还有意义的事情，因为这意味着重型车辆维修从一个从小众狂欢专业变成了逐渐走向大众视野的专业，他希望通过专业化、规模化的人才培养，不断壮大我国重型车维修领域的技能人才队伍。在高吉看来，这些重型车辆维修高技能人才不仅仅是一个技术维修人员，更是重型设备研发团队的一员，因为只有修的多了、见得多了才能更好地为研发人员提出宝贵的意见和建议，才能让我国民族重工品牌走得越来越远。

从技校生到技校教师，从轿车维修到重型车辆维修，高吉每一次的选择都始于专业的热爱与执着，都源于技能的追逐和攀登，所以当他说“我的每一根白发都是我青春奋斗最好的证明”，那是对热爱可抵岁月漫长最好的见证！

高吉老师正在指导学生训练备赛（右一）

【后记述评】　当亚运会遇见全国技能大赛

2023 年 9 月，第二届全国技能大赛恰逢杭州第 19 届亚运会。一个是来自全国 36 个代表团 4045 名选手在天津的“华山论剑”，一个是来自亚洲 45 个国家和地区 1 万多名运动员在杭州的巅峰对决，当体育盛宴遇见技能狂欢，展现的都是竞技，拼搏的都是全力。

一、在亚运火炬传递中看到了技能的薪火相传

9 月 13 日，杭州第 19 届亚运会火炬在宁波传递，“技能宁波”大使、人社青年、2022 年世界技能大赛特别赛重型车辆维修项目金牌获得者蒋昕桦有幸作为第 117 棒火炬手进行火炬传递。次日，蒋昕桦便带着亚运火炬回到了宁波技师学院，第一时间在重型车辆维修项目中国集训基地，和同学们分享火炬传递的感受和火炬背后的故事。

“火炬传递不是简单的走形式、秀表演，它代表着我们对‘更高、更快、更强’追求的薪火相传和生生不息，这种体育精神恰如我们在技能学习过程中，追求极致完美、追求精益求精的工匠精神一样”，蒋昕桦和同学分享到。第二届国赛赛场上，来自全国 36 个代表团 4045 名选手一较高下，颇有“华山论剑”谁与争锋的竞技之味！当体育遇见技能，不一样的舞台却传递着一样的求同之路、拼搏之音和强国之梦。

二、在技能竞赛中看到了竞技的美美与共

2023年暑假，宁波技师学院的集训队伍中，有一位备赛选手成了学校集训队伍里的“显眼包”。他就是来自新疆阿克苏地区中等职业技术学校的李建峰老师。李老师是新疆代表团参加焊接国赛精选项目的选手，但考虑到焊接并不是新疆的优势项目，为了进一步缩小技术水平差距，快速提高竞技水平，李老师利用暑假两个月的时间，提前来到了浙江宁波，在宁波技师学院进行备赛训练。经过两个月的学习交流，李老师满载收获走上赛场，也让阿克苏地区中等职业技术学校有了进一步加强两校合作交流，为新疆孵化更多高技能人才的想法。

不禁让人想到了2021年国际奥委会在“更快、更高、更强”这句奥林匹克格言之后追加了“更团结”，旨在越来越多的人通过体育相聚在一起、团结在一起。如今，技能竞赛也正在践行体育精神，让来自五湖四海、各行各业的劳动者在“各美其美、美美与共”的竞技中共赢共生。

三、重要的都是参与，而不是取胜

本次技能大赛采取“赛展演会”集成举办模式，不仅有竞技比赛，还有中华绝技绝活展演，更有群众技能体验擂台赛，赶技能大集这些集参与和研学于一体的互动性活动，让人们实实在在有了“一切皆技能”的近距离、沉浸式体验，也让我们在国赛的整体安排中，感受到了“重要的是参与，而不是取胜”这句奥林匹克运动广为流传的要义。

从2011年我国第一次亮相世界技能大赛到2015年实现世赛金牌零的突破，从2017年定格世赛金牌总数、奖牌总数和团体总分均位列第一的高光时刻，到2019年捍卫第一的辉煌，再到2026年第48届世界技能大赛在上海举办，我们用15年的时间，不仅站到了世界技能舞台的中央，还向世界生动诠释了一个文明、进步、开放的大国正在积极融入世界大家庭的姿态。

从2020年的第一届国赛到2023年的第二届国赛，我们也在小到健康照护、餐厅服务、整理收纳、美发、烘焙等这些日常生活性服务项目，大到石油钻井、数控车、数控铣、模具制造等专业壁垒高的生产性制造项目，还有工业机器人系统操作、虚拟现实工程技术、区块链应用操作等涉及产业数字化和数字产业化的新职业项目，感受到了技能不断向下扎根的为民姿态和牵动万家灯火的美好生活。

从国际大赛、到中国“村赛”、再到群众擂台，既可冠体育之名，亦可授技能之衔，因为二者都具有高度的全民参与性。如果说一个是加强其体魄，那另一个就是文明其精神，都体现了参与的态度、亮剑的精神和拼搏的意志，也让我们看到了“苦其心志、劳其筋骨”的刻苦与挑战，也看到了“动心忍性，曾益其所不能”的坚韧与坚守。

汽车创业：

让“后浪”们心中有火，眼里有光

博派至诚创业初始团队合影（右七为创业启蒙老师高吉）

【背景介绍】 宁技汽车人创立博派至诚汽车服务中心

《变形金刚》的影迷想必对博派（Autobots）这个名字不会陌生，而它更被大众所熟知的名字叫做“汽车人”。如今，在浙江宁波奉化街头，以博派命名的汽车修理店已经达到了6家。他们的老板都有一个共同的身份——宁波技师学院的毕业生。

汽车人变身后，就会产生无穷的能量；这群曾经或多或少都遭遇过偏见的技校生，用自己的创业行动，实现了华丽转身。在他们的故事中，你会发现当这些“顽童”们收起玩心、开始认真做事时，他们用行动告诉这大家什么叫脚踏实地的仰望星空。

【他的故事】 博派汽车修理店创业背后的宁技故事

博派至诚创业团队成员正在进行汽车维修

5 年前，宁波技师学院合作办学班（2+3 学制）的这群毛头小子开始学习汽车维修。其中 13 名学生因学习成绩突出，进入学校汽车维修技师班继续深造。

一、“5+2”实战性学习是宁技汽车人的创业底气

在宁技学习期间，他们中有 8 个人，都被埋下了一颗创业的“种子”。播种人有两个，一个是他们的班主任高吉，另一个是宁波技师学院汽修专业第一位创业的学生杨启运。

在开学第一天，汽车维修班的班主任高吉老师为他们做的第一件事情就是树立自信，帮助他们树立正确的人生目标。这群毛头小子，一开始也有一颗不安分的心，总是眼高手低，而技能的学习总是先从原理开始的，没有原理的支撑，只是不断重复单一问题的修理不是学校人才培养的初衷。

不出所料，他们中的有些人在学习过程中很快就进入了低谷，甚至萌生了退学的念头。为了让大家知道汽车维修专业的学生与简单的修车学徒工是不一样的，他们的班主任高老师准备给他们来一场挫折教育。在“工学一体 · 产教融合”的教学理念下，学校汽车专业不断

与汽车4S店进行校企合作，同时积极组织开展社团活动，给全校教职工的车辆进行日常保养维修，故障诊断与排除。在此过程中，高老师有意让他们接触实车，结果在修理过程中他们明显感觉到了知识储备不足。因为拉到学校维修的车辆不少都是4S店拖来的疑难杂症车，而学校教职工的车辆又各式各样，这可难倒了他们。这时他们才知道知识储备的重要性，于是他们开始静下心来跟着高老师钻研技术，和班上同学一起，不断地与各种问题汽车“死磕”。

博派至诚创始人杨启运

宁波技师学院汽车维修专业学生正在进行实操训练

但是想掌握过硬的技术，只有校内学习是远远不够的。他们其中的一个创业者张洪说：“我记得第一天上课，高老师就跟我们说，5天学习，2天休息，到头来就是零。”

挥手与“双休”作别，把周末休息时间花在去各个修理厂观摩学习，锻炼技能，学习企业的经营方法等。正是学生们自创的“5+2”的高强度实战学习，让他们快速地成长。毕业前，他们基本每个人都修过上千辆车子。回想起这段经历，他们感谢学校给予他们成长所需的平台。

在校期间，汽修班的学生还积极参与比赛，并在世界技能大赛中取得了不错的成绩。8 名学生中有 6 名学生拿到过校内第一名，4 名学生拿到过宁波市世赛选拔赛第一、二名的成绩，3 名学生拿到过浙江省技工院校技能大赛前 5 名的好成绩。还有 2 名学生拿到过全国技能大赛的优胜奖。

二、诚信经营是学校润物无声的创业法则

5 天学习，2 天实践成为了这 8 位创业学生的真实写照。而实践去的最多的地方，可能就是大师兄杨启运的汽修店。如果说高吉是手把手教会了这批学生创业的底气——过硬的技术；那大师兄杨启运则是用自己的亲身经历告诉他们——创业离技校生，并非遥不可及。

如今，杨启运在奉化溪口的汽修店经过两年的探索，已经步入正轨。他手下有五名员工，营业额更是直线上升，从第一年的 15 万到现在的 50 万，马上就要搬迁到面积更大的汽修厂。

周边的老百姓都认准了杨启运的博派汽修，有老板甚至把整个工厂的车都包给他的汽修店。赶上周末，从奉化市区赶来修车的客户更是络绎不绝。张洪说他每个周末基本都在杨启运的店里帮忙，感触最深的地方就是诚信经营。杨启运说在学校学习的六年，不光学会了技术，学校老师的一言一行、学校管理的一丝不苟，也让他知道了除了技术，更重要的严谨和规则，不仅要用技术赢得口碑，更要用诚信赢得尊重。

带着这样的信念，8 个小伙子正式踏上了创业的漫漫长路。“父母听到我要创业，瞪大了眼睛，死活不同意。他们认为好不容易学了六年技术，就应该找个汽修厂有份稳定的工作。”1998 年出生的梁申松，今年刚满 22 岁，却做了一个父母这辈子都不敢想的决定，“年轻就要拼，我不想再过几年让自己后悔，请你们相信我。”历经波折的梁申松终于打动了父母，也获得了创业的第一笔资金。

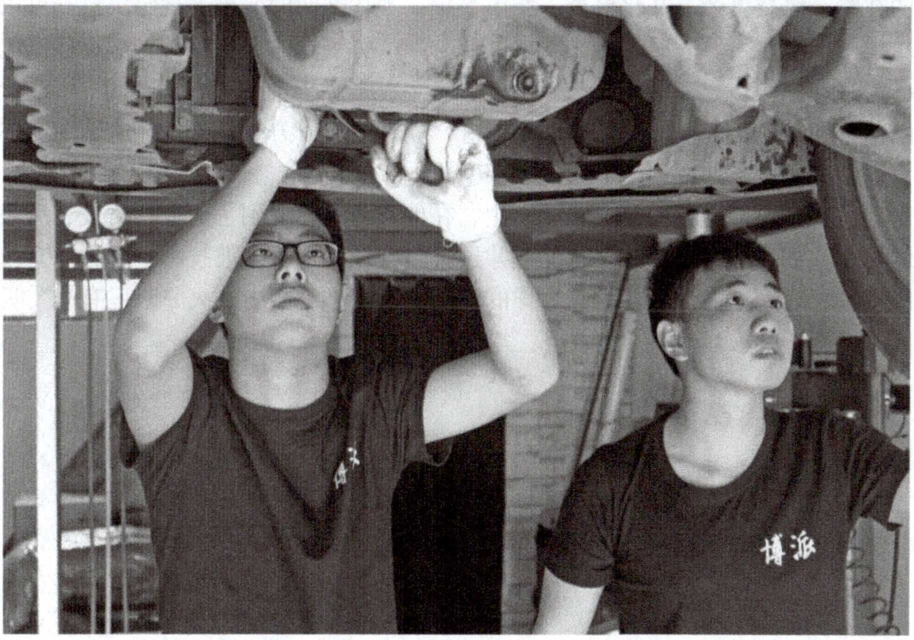

博派至诚创业团队成员正在进行汽车维修

通过三年的学习相处，高吉老师早已经对每个同学知根知底，他也会根据每个同学的性格特点，帮助他们寻找“中国合伙人”。在高老师这位创业“红娘”的牵线下，8 位创业同学都是两两搭配，互相扶持，开了四家汽修店。同时，8 个人还建了一个“战友群”，碰到不会修的疑难杂症就会发到上面，邀请老师一起讨论。因为店里需要采购很多汽车配件，如果遇到价廉物美的供应商，大伙也都会发到群里分享。

三、让博派成为宁技汽车人创业的代名词

为了扩大博派的影响力，这些小家伙在大师兄杨启运的带领下，开启了为附近居民免费检测车辆的营销模式。他们用自己的实在、实干、实力赢得了周边社区居民的大拇指。更让他们父母没想到的是，这群孩子们不仅顺利当上了老板，还把第一个月的收入全部交给了父母。这是一种感恩！

俗话说“十年树木，百年树人”。习近平总书记在全国教育大会的重要讲话中再次强调了“立德树人”是中国特色社会主义教育事业的根本任务。只有把握立德树人的本质内涵，才能真正回答培养什么人、怎样培养人、为谁培养人这一教育事业的根本问题。

宁波技师学院在“弘扬人社 · 尚技育才创一流”党建品牌指引下，用初心践行“立德树人”的使命。杨启运和学弟们携手共谱的创业故事，是一群技校生用技能逆袭的成长经历。

【后记述评】 拥有选择的权利——Z 世代

B 站上曾有一个《后浪》的短视频刷爆朋友圈，里面的一段话让人记忆犹新。“我看着你们满怀羡慕，人类积攒了几千年的财富，所有的知识、见识、智慧和艺术，像是专门为你们准备的礼物，科技繁荣、文化繁茂、城市繁华，现代文明的成果，被层层打开可以尽情享用。自由学习一门语言、一门手艺，欣赏一部电影，去遥远的地方旅行。从小你们就在自由探索自己的兴趣，很多人在童年就进入了不惑之年，不惑于自己喜欢什么，不喜欢什么。人与人之间的壁垒被打破。你们只凭相同的爱好，就能结交千万个值得干杯的朋友。你们拥有了，我们曾经梦寐以求的权利——选择的权利”。

面对宁波技师学院这样一群创业的学生，在他们身上感受到了后浪的时代、后浪的力量和后浪的希望。如果他们没有选择技能成才这条路，没有遇见宁波技师学院，没有技工教育所特有的工学一体，他们现在会是什么样的？还会是这样“心中有火、眼里有光”吗？

千帆逐浪之追光篇

徐容平：

努力不一定会成功，但不努力一定不可能成功

徐容平老师作为世赛集训队教练形象照

【背景介绍】 一个技校生的人生逆袭

徐容平，宁波技师学院模具专业教师，85后，曾经老师眼中的“差生”，一度被放弃，

只能来到技工院校学习技术，但就是这个“只能”，让他获得了别样的精彩人生。他曾说：“在技校求学时，突然有一天我就在想，难道我的人生就这样了吗？”于是，他像变了一个人，曾经的顽劣少年变成了老师眼中的“技痴”。

正所谓“你永远叫不醒一个装睡的人，除非那个装睡的人自己决定醒来”，徐容平的故事让他成了一个传说，也成为了很多年轻人追逐的偶像。2007 年，徐容平毕业于宁波技师学院，因在校期间表现优异，留校任教，又因在校任教期间业绩突出，2022 年当选为宁波市第十六届人大代表。

【他的故事】 精彩人生 始于技校

一、从公认“差生”到全国冠军的故事

徐容平正在操作五轴激光设备

回首当初选择职业教育来改变自己的现状，徐容平感触最深的还是如何从一名公认差生蜕变成一名好学、踏实的青年。中小学时期，徐容平的学习成绩不甚理想，用一位小学老师

的话说他是个典型的“不想学、不会学、学不好、不好学”的问题学生。初中毕业时小小年纪的徐容平烟龄就有四年。2001年吊儿郎当地度过小学和初中的徐容平，迎来了人生第一次无情地被“淘汰”，中考总成绩750分的试卷，他只考了173分。

作为农村的孩子，初中毕业后结束自己的求学生涯走上社会是一件很平常的事情。当年暑假徐容平就跟随姑姑在老家给一家木材厂打工，强大的体力劳动和微薄的收入，让原本少不懂事的他开始思考自己的人生：我难道要一辈子这样辛苦给人打工吗？而此时同村的一个技校毕业生回乡工作，靠着一手技术便可轻松拿到每月1000多元的工资。这更深深触动了徐容平。当得知丽水技校正在招生，并由于生源有限招生遭遇尴尬，因而对中考成绩差的学生不实行硬杠录取这一情况后，徐容平便毫不犹豫地选择报名就读，期望通过职业教育来改变自己现状。

2001年9月，重返校园的徐容平像脱胎换骨一样，戒除原有一切劣习，全身心投入到学习中。虽然基础差，文化课远远落后于同班同学，但徐容平明确以专业课为主攻方向作为学习目标，并把其他同学花在玩上的时间全都投入到学习中。一个学期后，原本入学成绩全班倒数第一的他，很快引起了老师和同学的注意。那时的徐容平学习成绩仍不是很突出，但他积极报名参加学生会工作，通过业余时间来培养自己团队合作意识，培养自己组织、协调与沟通等各方面的能力。不仅开阔了视野和思维，还使他具备更强的学习能力和环境适应能力，建构起更为多元的知识体系。凭借这些优势，第二学期徐容平便被推选为班级团支部书记，并连任至毕业。在平时的学习生活中，他不断对自己提出更高的要求。不仅努力学习专业知识，而且竞选成为学生会副主席，有意识培养自己的实践能力。在校期间连续多次获得一等奖学金、三好学生、优秀学生干部等荣誉。在第六学期还获得了丽水市三好学生荣誉称号。

有了第一次暑假打工经历的徐容平，对学校安排高三学生去企业实习很是期待。他相信自己通过努力学习提升了技能，至少比先前干体力活要强得多。为更好锻炼自己，通过老师联系，徐容平利用暑期进入一家电机制造有限公司实习。然而，整整一个星期单调而乏味的机械台钻打孔操作让他再次陷入对人生的思考：难道这就是自己今后想要的生活？经过一个暑期的思考，他做出了一个让老师和同学都感到惊讶的选择，放弃高三企业实习机会，转至升学班拼搏。

进入升学班后，徐容平感到了前所未有的压力。面对专业基础扎实而文化基础较差的自己，他冷静分析，客观评价，自我定位，制订了新的学习目标：专业课拔尖，语数外恶补。而学校在了解徐容平的情况后，破例将学生宿舍楼梯下的杂物间腾空，单独给他就寝和学习。那一年，他把所有的课余时间花在了学习上，常常早上天没亮就起床开灯学习，晚上很晚了寝室里还亮着灯光……

2004年夏天，徐容平终于如愿考取了宁波技师学院，对他而言这几乎是个奇迹。徐容平并不希望就此停步，未来对于他才刚刚开始。进入宁技后，“上进心”使徐容平很快在学校脱颖而出，仅一年，他就担任院学生会副主席。在学习上，徐容平格外重视专业理论知识和技能的学习，这使他具备了较为扎实的机械理论功底和从事数控编程加工的工作能力，掌握数控技术的原理性知识，同时具备了机械设计、加工软件运用能力。更重要的是，学校严谨的学风塑造了他朴实、稳重、创新的性格。过硬的专业基础和技能特长是他自信的基础。有一次去食堂的路上，经过数控车间时，徐容平偶然发现里面的学长在专心致志地做产品。

于是此后每次经过这里，徐容平都要进去看上许久。后来他萌发了一个念头，课余时间何不到这里来跟着学长们学习。于是他找到了其中一位技术精湛的学长，并拜他为师，一学就是3个多月。拜学长为师，让徐容平收获很大。他觉得课堂里学的是理论知识，枯燥地背下来很容易忘记，但到车间里操作后，发现原本复杂的理论居然是那么简单易懂。理论和实践相结合，使他的成绩日渐优异。入校三年以来，徐容平从没给自己放过假，几乎把所有的业余时间都花在了学习数控技术上，星期天基本上没休息过，而且不到晚上9点不回宿舍，在加工产品期间，有时为了赶货一直加工到凌晨，他还创下了二十天连上两班不休息的记录，就连暑假也每天都在车间泡着。平时坐在电脑前面上上网、打打游戏，是同学们的消遣方式，而徐容平的电脑里装的全是专业软件。到第二年时，学校车间里的加工中心、数控铣、数控车、线切割、电脉冲、车、铣、刨、磨、钻等所有数控设备，徐容平样样都能熟练操作，并成为了同学们的小师傅，同时肩负着“传帮带”的任务。

付出总有回报，在校期间，徐容平获得了优秀学生干部、优秀团干部、优秀团员、三好学生、一等奖学金、特等奖学金、校十佳生等多项荣誉。2006年5月徐容平还光荣地加入了中国共产党。机会往往垂青于有准备的人，2006年8月，徐容平顺利通过全国数控技能大赛浙江赛区预赛。通过三个月的强化训练，2006年10月他代表浙江省参加由劳动和社会保障部、教育部、科技部、国防科工委、中华全国总工会及中国机械工业联合会共同举办的第二届全国数控技能大赛，并一举摘取了学生组数控铣第一名，直接晋升为数控铣技师，并于11月站在了人民大会堂的领奖台上接受这份无尚的荣誉。同时也创造了宁波市学生个人在国家一级赛事上的最好成绩。消息传回宁波后，徐容平一时间成了新闻人物，宁波日报、宁波电视台专门对他进行了人物专访。与此同时，宁波市包括宁波技师学院在内的多所职业院校纷纷向徐容平抛出橄榄枝，愿意破格聘请他为实训教师。经过再三考虑后，徐容平决定留校担任数控专业实训教师。三年的校园生活，给了他许多锻炼机会，让徐容平从实践中不断吸取成功经验和失败教训。与初为技校生相比，今天的徐容平更能沉着、冷静地面对问题、分析问题并解决问题。良好的人品与性格是一个优秀人才所必备的条件，在时代和环境的不断改变中，他逐渐形成了自己的人生观和价值观，对机会的均等把握和拥有真才实干的能力是获得成功的关键。

二、勤奋学习，做平凡岗位上的不平凡者

2007年7月，徐容平选择留校成为一名实训教师。他遵循着努力学习、努力工作这一宗旨继续拼搏。学校为徐容平提供了良好的去企业学习机会，其中包括去嘉兴高新科技园区学习自动化系统设计及其制造、数控机床厂学习机床的生产调试过程以及到模具企业的设计部学习模具设计加工等。通过不断地到企业学习交流，了解企业最新的技术水平，并把企业里的实际产品和生产课题带到课堂给学生讲解，让学生们能真正与产品接触，理论联系实际，为今后进入企业工作铺好路。同时也为他参加2008年的全国数控大赛打下扎实的基础。

为参加比赛，2008年正月初徐容平就开始准备一系列训练。训练期间由于白天要完成学校安排的教学工作和生产任务，训练时间相对来说会少很多，他只能通过周末的休息时间来补上，训练过程中无数次对各种加工参数进行尝试和总结，在实践操作中寻得一套适合自己的学习方法。五一小长假期间又是比赛的最后冲刺阶段，徐容平根本没给自己放过假，一

直在车间训练。一分耕耘一分收获，在省赛中，徐容平获得了教师组“数控铣工一等奖”和“浙江省技术能手”，成功晋级第三届全国数控技能大赛全国决赛。

徐容平正在指导学生进行检测实训

能够成功晋级全国决赛是对徐容平的一种肯定和鼓励。他的下一个目标是好好准备全国决赛。经过一周的调节，六月初他又回到学校开始准备新一轮的训练。白天在酷热的车间里训练，晚上就睡在办公室里，辛苦并快乐着。训练期间手里扎的都是细细的小铁屑，像把锉刀似的。如今，一本本厚厚的计划、总结、错题难题集及各种资料仍静静地堆放在他的工作台上，这是种记忆，是种经历，也是种能力，但更是种动力，也许这正是人人皆知的获奖秘诀吧。2008 年 11 月 25 日，成绩公布，徐容平不负众望获得教师组“加工中心第二名”和“全国技术能手”，并晋升为高级技师，同时也成为当时全国最年轻的高级技师。

从技校生走过来的徐容平面对不断发展的技工教育，深刻认识到立足专业，尽己所能，做好本职工作的重要性。为促进数控加工类教学专业上规模、上档次，在学校的支持下，徐容平对日本木工机械设备的主轴箱等设备及其配件产品进行加工教学。这极大丰富了学生的实习教学内容，缩短了教室与车间的距离，使学生的操作技能水平得到了明显提升。徐容平先后总结了《模具加工经验浅谈》《模具设计与加工衔接问题》《模具加工软件的讲义课题》等多篇关于模具加工和专业现代化建设方面的研究性文章，其中许多合理化建议被学校采纳。徐容平参加工作以来先后被评为2008年度“宁波市优秀共青团员”、2008年度校“优秀共产党员”，并担任模具工艺组的教研组长，负责“模具工艺学”和“模具软件”等课程的课程改革任务，在学校的产教结合办学模式中发挥重要作用，被学校聘为“技能带头人”。在日常教学过程中，徐容平始终用自己饱满的精神，给学生细心地讲解每一个要点，解答每一个问题；课后及时批改作业，总结问题。充分利用业余时间指导模具数控加工兴趣小组，提高学生对数控的兴趣，鼓励学生独立完成各种产品的编程和加工任务。徐容平老师让大家明白一个道理：只要努力，就没有战胜不了的困难；只要拼搏，我们的目标就一定能够实现！

徐容平正在用电子显微镜做激光纹理分析

【后记述评】 当技校生遇见人大代表

徐容平老师，作为宁波技师学院的“明星”有很多他的事迹材料，但是每次落笔之前，都不想用“技校生”这三个字，总觉得有刻意想为技工院校学子正名的嫌疑。而正名的原因就源于社会对“技校生”的偏见，但仔细想来可能是自己心里有偏见，才觉得这个词有些刺眼罢了。于是就坦然地写下了《当技校生遇见人大代表》这个标题。

2022年春，有机会对刚刚履职回来的徐容平老师进行了一次采访，这次采访与之前的历次采访都不一样。以前徐老师都是讲述自己的成长经历，所以当第一时间约他时，他说：“我的成长经历你都知道的啊！”笔者告诉他今天不采访他的故事，采访他人大代表履职的感受。

问题一：第一次作为人大代表，心里的第一感受是什么？

徐容平：

紧张。

我的左右两边坐的都是政府部门的领导，还有很多企业总经理、高校教授等，这让我这样一位来自基层的工作者，第一感觉是诚惶诚恐，但当他们知道了我的成长经历后，亲切地称呼我“小徐”时，那一刻我觉得，虽然我来自基层，但我们都是平等的。

在分组讨论时，发生了一个小插曲。没想到市委书记彭佳学突然来到我们这个代表团，他就坐在了我的对面，他也不看任何提前准备好的材料，让我们代表现场畅所欲言，让我觉得这位彭书记很有个性。人代会之前，我都是在报纸和电视上看到的彭书记，那天就这么真切地坐在我面前，让我既紧张又兴奋。

问题二：和其他人大代表相比，你对自己的评价是什么？

徐容平：

年轻。

记得我在小组首次发言时，讲了一句“我可能是所有代表中最年轻的”，那一刻的感觉，真的是感谢这个时代。我一个技工院校毕业学生，赶上了时代的红利，在技能学习的过程中，因技能受益，获得了“全国技术能手”荣誉称号，也成为当时全国最年轻的高级技师，也因技能成为今天的人大代表，参政议政，我觉得这是时代的号角，也是时代的征程。曾经的我在求学路上走过弯路、迷惘彷徨，但如今回头来看，我觉得自己一直以来的坚持是对的。当然我也在代表团中看到了90后的身影，来自字节跳动公共事业部的业务员，一位很能讲的小姑娘，在她身上能看到新生的力量和未来的希望。

问题三：作为技能学习的受益者，你对技能人才的社会认可感受是什么？

徐容平：

重视。

我毕业于技工院校，但我通过自己的努力，抓住了几次机遇，让我的人生同样精彩。一次是学生时代参加的第二届全国数控技能大赛，获得学生组第一名，让我获得了留校任教的机会；一次是在任教期间，参加了第三届全国数控技能大赛，获得了教师组第二名，荣获了“全国技术能手”荣誉称号，这两次机会对我来说是具有里程碑的意义。虽然我没有参加过高考，但是这两次大赛都无异于高考，我也是在千军万马的拼杀中，拼出了自己的出路和未来。

要说最大的机遇，当然是选择宁波！“我选宁波　我才甬现”“选择宁波　就是选择未来”都可以在我身上得到印证。在宁波，我享受到了“全国技术能手”B类人才待遇，和很多领军人才享受一样的待遇，市内运动场馆、旅游景点等公共场所免门票、公共交通免费乘坐、就医绿色通道、子女教育的学区自主选择等。殊途同归，学好技能也能享受与高精尖人才一样的待遇，这在以前是想也不敢想的。但就在宁波，让我感受到，只要是为社会服务、为国家贡献，虽然形式不一样，但肯努力、肯拼搏，一样可以在不一样的领域开创精彩，一样受到尊重和重视。我觉得这就是新时代！

所以这次人代会，我也提出了《关于加快推进高水平技工院校建设的建议》的议案，该议案也被列为正式议案，希望在技能人才培养这个问题上有更广泛的支持者和参与者。

问题四：作为技能学子的前辈学长，你想对正在青春期迷惘的青年学子说些什么？

徐容平：

珍惜当下，抓住机遇，永远不要放弃学习。

这里的学习不单纯是课业，是更大范围的学习，是抓住一切可以学习的机会，认真揣摩，不断精进。这次人大代表的经历，让我有幸与社会各阶层人士有交流和接触，我也看到了自己的不足。与会期间，我认真观察、记录每位代表的发言，思考他们发言的角度和内容的组织。而我也在前一天认真整理自己的发言，随时做好可能被要求现场即兴发言的准备。没想到真的就像我想的那样，所以当彭书记要求每位代表即兴发言时，我想既然自己已经认真准备了，就抓住这个机会，主动发言。这对自己既是一次锻炼，也是一次检验。从2004年背着行囊离开家乡来到宁波开始求学时，我就一直告诉自己，今后的每一步都注定成为自己成长的注脚，我要让自己的每一个注脚都丰富而有意义。

每年学校的中考招生，我都在参与，每每遇到家长咨询时，我都会和他们说，中考成绩不能代表什么，好有好的读法，不好有不好的读法，但只要努力，最后都会成为栋梁之材。正如以前的我也从没想过自己会是今天这样，但正因为我们无法预料未来，所以只需要立足当下，务实地做好每一件事，走好每一步路，才敢期待最后那道彩虹的到来！

问题五：现在身为人父，你会介意自己的孩子选择走技能这条路吗？

徐容平：

不会介意。

孩子有孩子自己成长的课题，作为家长，我不会过多干预。我们作为家长，对孩子的期待是希望她能到更广阔的天地，看到更精彩的世界。至于这条途径到底是什么样的，最后也只能孩子自己选择，但无论她选择以哪种方式搏击长空、尽览世界，我都尊重。虽然我自己是以这样的方式完成对世界的认知，但也还有很多其他认知世界的方式，所以无论哪一条，在我看来都是成长、都是经历，只希望她能够在历尽千帆归来后仍能永葆赤子之心。

后记

记得曾看到这样一句话，“教育意味着获得不同的视角，理解不同的人、经历和历史。接受教育，但不要让你的教育僵化成傲慢。教育应该是思想的拓展，同理心的深化，视野的开阔。它不应该使你的偏见变得更顽固。”所以无论是学历教育还是职业教育，我们都应该相信不一样的道路一样精彩。采访结束后，徐容平老师那侃侃而谈、自信笑容的背后，是成长注脚最好的诠释，也真切感受到了“不一样的人生，一样精彩”的青春朝气！

愿我们永远在路上，一起向未来！

许明明：

我是不一样的烟火

【背景介绍】第 42 届世界技能大赛塑料模具工程项目备选选手

2013 年许明明正在进行塑料模具工程项目备赛训练

2013 年，许明明作为宁波技师学院模具专业学生，以备赛选手身份参加在德国莱比锡举办的第 42 届世界技能大赛，成为了宁波第一位亲历世界技能大赛的技能青年。

世界技能大赛参赛选手分为正赛选手和备选选手，他们各自扮演着不同的角色，并承担着不同的职责。正赛选手是那些经过层层选拔，最终获得参加世界技能大赛正式比赛资格的选手。他们是代表各自国家或地区参赛的主力队员，需要在比赛中全力以赴，展示出自己的最佳技能和水平，为团队或国家争取荣誉。正赛选手在比赛前通常已经经过了长时间的训练和准备，对比赛规则和技能要求有深入的了解和掌握。备选选手则是作为正赛选手的候补人员而存在的，他们同样需要具备一定的技能和水平，以便正赛选手因各种原因无法参赛时，能够顶替上场。备选选手在备赛期间也需要进行系统的训练和准备，保持与正赛选手相似的竞技状态。虽然备选选手在比赛中的出场机会相对较少，但他们的存在为比赛提供了一定的保障，确保了比赛能够顺利进行。

总的来说，正赛选手和备选选手都是世界技能大赛中不可或缺的角色。他们共同为比赛的顺利进行和团队或国家的荣誉而努力。同时，无论是正赛选手还是备选选手，他们都代表了各自国家或地区的最高技能水平，展现了职业技能的魅力和价值。

【他的故事】 追光而遇 沐光而行

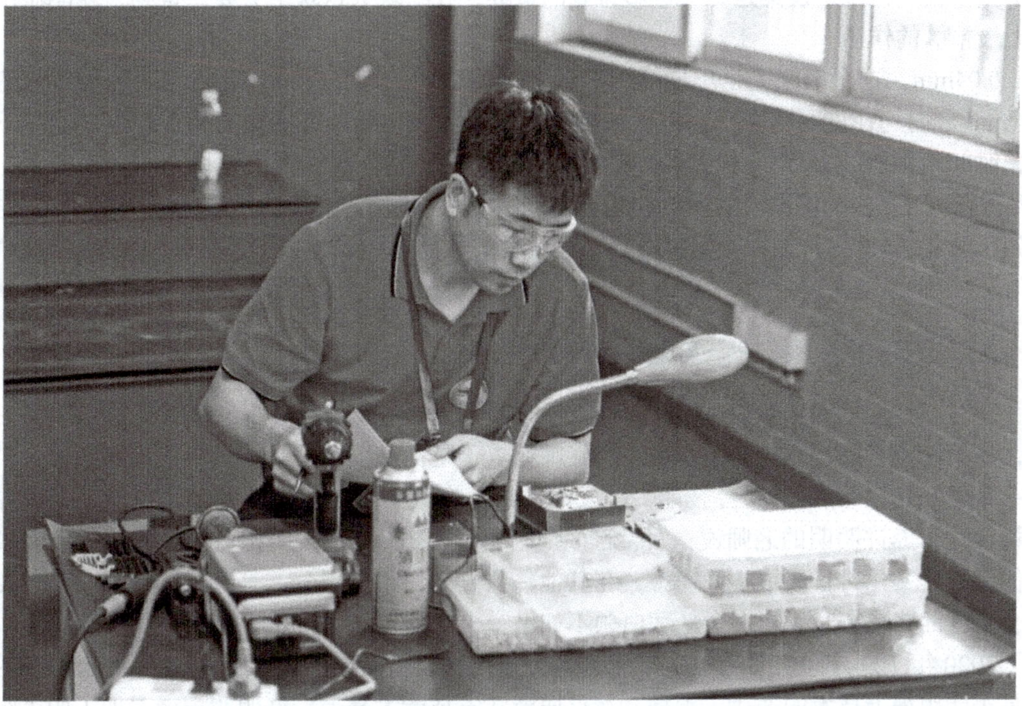

2020 年许明明以教师身份参加第一届浙江省技能大赛塑料模具工程项目的比赛

许明明，浙江海宁人，当初之所以愿意来到宁波技师学院，是因为徐容平老师。用许明明的话来说，徐容平老师的成长故事成了他成长路上的一道光，让他看到了即便课业成绩不出色，人生也一样可以闪光。

有这样一个男孩，小时候，他是让大家头痛的调皮鬼，喜欢偷偷拆装玩具和各种电器；长大后，他学起了模具制造，苦练 5 年，最终入选了国家“模具梦之队”，作为第 42 届世界技能大赛中国代表团中的一员，前往德国莱比锡，用脚步丈量世界的维度，用眼睛看到了技能的可贵。这个男孩叫许明明，1991 年出生，现在是宁波技师学院机械技术系模具专业教师。

一、制作精度接近零误差 拿到世界大赛入场券

许明明，从小是个捣蛋鬼，最爱拆装玩具和电器。他说，他在小时候并不是个招人喜欢的孩子，调皮好动，最喜欢用起子、螺丝刀拆拆装装，玩具车、收音机，甚至家里的电视机都被他拆开过。不知为什么，自己就是为那些零件着迷，每次打开一个个小匣子，看到里面的构造都很兴奋。从小许明明就跟着爸爸学会了电工，家里电器的路线、明线暗线他都一清二楚。许明明的父母都在纺织企业工作，和大多数父母一样，都期望儿子以后能读大学，到写字楼里工作。但爱玩好动的许明明成绩并不理想，中考时没达到当地普高的录取线。

一位叔叔很懂他，建议他去读技师学院。许明明听从了这个建议。2007 年，他来到宁波技师学院开始学习模具制造。从第一次下车间、第一次自己动手设计操作开始，他就迷上了做模具。他说，模具是一个色彩斑斓的世界，在一块大铁块上只要想得到，就能做出世界上最精妙的作品。

0.04mm，这个肉眼完全不能辨识的误差是许明明的起步标准。而许明明的误差能达到 0.01mm 之内。在许明明看来，做这一行需要动静皆宜，既要有活跃的思维，也要能静下心来长时间地训练、制作。2012 年，许明明一路过关斩将，靠在大方铁块上“大变魔术”的绝活（在 12h之内，用灵活的设计、到位的程序，以及近乎“零误差”的精度）打动了评委，拿到了第 42 届世界技能大赛塑料模具工程项目的入场券，成为了宁技“第一人”、宁波“第一人”。

二、不蒸馒头争口气 当蓝领也有大出息

现在，许明明是宁波技师学院模具专业的教师，从学生到老师，许明明想到的第一件事，是不仅要当好大师兄，还要做一个好师傅。于是他继续在模具的世界里训练自己，带着学弟张益一起向第 43 届世界技能大赛发起冲击。在许明明看来，蓝领工人也能走上世界顶级舞台。培养许明明的老师说：“传统印象里，读技校的都是素质相对较差的孩子，但事实上他们只是文化科目成绩不太理想，在其他一些方面都很有天分。是时候转变观念了，要走适合自己的路，有时候当一个低薪白领不如做一个高薪蓝领。”

2020 年 7 月，许明明从教 7 年后，他决定再次走上赛场，要用一场比赛检验自己的技能是否能跟得上技术的迭代。于是，在首届浙江省技能大赛上，许明明报名参加了职工组塑料模具工程项目。他说，“过去说起技术工人，很多人的第一反应就是蓝色的工作服、满手的机油。随着产业的更新换代，智能制造本身也对技能人才提出了更高的要求。”

在许明明看来，随着智能制造成为越来越多企业的共识，产业转型升级箭在弦上、不得不发。乍一看，生产线上的岗位不再像以前那样分得细，但同时要对这么多智能设备进行安装、调试、维护和操作运行管理，技能人才的综合素质和能力显然需要同步迭代升级。对于这样的快速“转变”，让许明明觉得肩上的担子更重了，压力也更大了。所以，他决定用“华山论剑”的方式刷新自己。最后，许明明在大赛上拔得头筹，并荣获“浙江省首席技

师”荣誉称号。

三、未来任重而道远 道阻且长行则将至

模具被称为工业之母，模具设计和制造的水平直接决定零部件的生产效率、加工精度、加工成本和使用寿命。因此，模具工业的发展水平成为衡量一个国家制造业水平高低的重要标志。

据了解，工业发达国家初级工、中级工、高级工的比例一般为 15∶50∶35，而我国约为 45∶40∶15，基础型、低学历技能人才较多，中高级技能人才稀缺，研究型高技能人才凤毛麟角；我国技术工人的平均劳动生产率约为世界平均水平的 40%，制造业产品质量合格率可达到 94.16%，但与德国等工业强国相比仍有明显差距。

“看上去产品做的还可以，但就是差那么一点”。在第 45 届世界技能大赛上，几名参加技能大赛的选手不约而同地把中国制造与世界工业强国之间的差距归结为两个字：精度。对此，许明明表示，别看只是头发丝那么小的精度差距，它直接与产品合格率以及企业的生产成本挂钩。而这似乎可以忽略不计的精度差距，就是我国经济高质量发展、产业迈向中高端的制约因素。

许明明说，未来还有很长的路要走，宁波作为中国模具之都，如何让更多的年轻人爱上这个领域，也是他从教时一直在思考的问题。但他相信在国家越来越重视技能人才的大环境下，技能人才的春天正在到来，也必将迎来春色满园、百花盛开的繁茂，而他坚信只需要脚踏实地地做好自己该做的事，就一定能让点滴星光汇聚成星浪，让宁波技师学院模具专业成为宁波的一块金字招牌！

【后记述评】 长大后我就成了你

在很多人的印象里，宁波技师学院以擅长培养在各级各类技能大赛上获奖的学子而出名。但其实支撑师生们在各大赛事斩金夺银的最大源泉是来自学校硬核的师资队伍。如果套用“资本积聚”和“资本积累”两种企业筹资的方式来说，宁波技师学院在师资队伍建设思路绝对是“资本积累”的典型代表。

许明明就是从学生时代开始参加各类技能大赛的，他积累了非常丰富的比赛经验，凭借着过硬的比赛成绩和专业技能，毕业后留校成为一名模具专业的教师。从讲台下走到讲台上，从新手教师成长为资深名师，角色的转变促使他对教育热爱有加、执教有道。

每次带领参加世界技能大赛的学生集训，许明明都会以自己的亲身经历勉励学生。所以当学校对口协作安龙班的学生韦顺水，以贵州省塑料模具工程项目选拔赛第一名的成绩代表贵州省参加第 46 届世界技能大赛国赛选拔时，韦顺水讲到“这里的指导老师就像大哥哥一样陪着我训练和成长”，这其中就有许明明指导过程的言传身教。

2020 年 8 月在第一届浙江省技能大赛开幕式上，许明明作为参赛选手代表上台宣誓，而站在他身旁的执旗人，正是他当年的授课恩师徐容平，这一幕特别让人动容。2008 年 24 岁的徐容平作为宁波技师学院的教师，荣获了“全国技术能手”，也因此成为了全国最年轻

的高级技师。之后的故事，便是许明明成为了他所执教班级的一员，许明明因在第 43 届世界技能大赛塑料模具工程项目比赛中表现出色，留校任教，再之后就是在这次浙江省技能大赛中，许明明不负众望拿下塑料模具工程项目比赛的第一名。

类似师徒传承的佳话，在宁波技师学院屡见不鲜。还有在第一届浙江省技能大赛精细木工项目夺得冠军的朱森权，恰巧又是许明明的学生；而徐容平，又是他读书时候的班主任。

正所谓名师出高徒。宁波技师学院，对标世界技能大赛，推动专业课程建设、优化人才培养模式、提升竞赛训练水准、促进竞赛成果转化，使得宁波技师学院的学子成为了国家集训队的常客，在 42~47 届世界技能大赛中，学校共有 9 个项目 28 名学生进入国家集训队，也使宁波技师学院的学子成了企业和其他院校抢手的香饽饽。

窥一斑而知全豹。正是因为宁波技师学院拥有这样一支特别能战斗、特别能吃苦的师资团队，他们身上闪烁的光点才汇聚成了今天学校的星光熠熠。

张益：

用技能点亮梦想之光

2014 年张益在世界技能大赛期间集训备赛照

【背景介绍】 完美接过学长递交的接力棒

张益，浙江奉化人，他的成长轨迹与许明明有着相似之处，他总说沿着别人走过的路看似轻松，实则压力很大，既不能循规蹈矩又不能随心所欲，要走实走稳更要走宽走远。

2015 年，听着班主任徐容平老师的故事，沿着学长许明明走过的路，宁波技师学院模具专业学生张益以备选选手身份参加在巴西圣保罗举办的第 43 届世界技能大赛，完美接过了学长许明明递交给他的接力棒。

【他的故事】 始于“追星”，成于“明星”

2013 年张益在世赛集训基地训练

张益，2009 年进入宁波技师学院模具设计与制造技术专业学习，在宁波技师学院六年的刻苦努力学习，张益自身的综合素质得到了很大的提高。2015 年 8 月毕业后选择留校任教，6 年后进入宁波第二技师学院，继续从事模具专业技能人才培养。

2014 年，张益代表浙江省参加第 43 届世界技能大赛塑料模具工程项目全国选拔赛，获得第二名并入选国家队。2015 年 9 月代表中国赴巴西圣保罗参加第 43 届世界技能大赛，所在塑料模具团队荣获铜牌。2016 月 10 月中旬，张益参加了全省职工数控职业技能竞赛。从开始准备到参加比赛，他全身心投入到技能训练中，过程中遇到了各种各样的技术难题。正值国庆假期，张益的心态也有一定的波动，但是一直以来内心有着非常坚定的想法，只要踏踏实实认认真真地去付出，心里就无怨无悔，张益最终获得第二名，荣获浙江省技术能手、浙江省青年岗位能手、浙江省“金蓝领”等荣誉称号。2020 年 7 月，张益参加宁波市职业技能大赛加工中心项目获得第一名，荣获宁波市技能之星、宁波市首席工人等荣誉称号。

张益凭借学院引进的国内首台德国五轴联动激光咬花加工中心及瑞士进口模具柔性智能制造生产线，积极与企业开展合作，钻研技术难题，为企业解决实际生产困难。例如，为上海品夏有限公司解决可口可乐、果粒橙等瓶模激光纹理加工技术难题。2015 年 12 月，激光纹理加工作品瓶模获得中国职工教育和职业培训协会优秀科研成果三等奖。张益团队还为浙江阿克希龙舜华铝塑业有限公司解决爱马仕、香奈儿等化妆品系列激光纹理加工技术难题，目前模具投入生产，产品已出口至国外。

张益不断在学习中提升个人素养，通过学习借鉴和积累经验，逐渐摸索了一套属于自己的教学方法和教学风格。2016 年 8 月，张益指导学生周飞代表浙江省参加第 44 届世界技能大赛全国选拔赛塑料模具工程项目获得第六名，入选国家集训队；2018 年 6 月，张益指导学生何英豪代表浙江省参加第 45 届世界技能大赛全国选拔赛塑料模具工程项目获得第六名，入选国家集训队。2020 年 12 月，他指导技能扶贫学生韦顺水代表贵州省参加第 46 届世界技能大赛全国选拔赛塑料模具工程项目获得第九名，入选国家集训队，张益也被评为优秀指导教师。

张益始终坚持理论联系实践，认真落实产教结合的培养模式，积极投身到生产实践与技术革新工作，不断攻克企业技术难关。工作中始终保持一种积极向上的心态，努力开展工作，从生产车间用技能和实力一步一个脚印成长为青年技能工匠。

【后记述评】 一粒种子也有微光

张益，是笔者曾经教过的一位学生，笔者当时讲授的课程是“企业管理”，上课时经常会和同学们有各种交流和互动。张益当时是班级里的班长，对他的第一印象是一个腼腆的大男孩，每次回答问题时都会涨红脸，除了这个印象最深之外，就是在讨论目标管理时，他的那句“我也希望能站在全国最高领奖台上，就像我的班主任徐容平老师那样”！如果不是张益成为第一位亲历世界技能大赛的选手，我想这些记忆可能就要永久的封印了。“一粒种子也有微光”这句话在张益身上得到了很好的印证。

种子是生命的起点。无论是植物、动物还是人类，生命都始于一个微小的种子或细胞。这些种子或细胞看似微不足道，但它们却承载着生命的全部信息。每一位技工院校的学生都是这粒充满无限可能的种子，只要给予适当的环境和条件，他们就能生长、发育，并最终展现出生命的美丽和奇迹。

种子是希望的源点。一粒种子可能看起来微不足道，但它却蕴含着巨大的潜力。只要给予他们足够的关注和培养，它就能发芽、生长，最终成为一棵参天大树或一朵绚丽的花朵。

同样，在生活中，每一个微小的努力都可能成为实现梦想的起点，即使是最不起眼的种子，也蕴含着生命的力量和无限的可能性，只要坚持不懈地追求自己的目标，就有可能实现自己的梦想。

技工院校的教师恰如这点微光，虽弱，却能照亮黑暗，给人们带来希望和温暖。同样地，每一个微小的存在也都有其独特的价值和意义。就像一粒种子一样，虽然它本身并不起眼，却能够为社会、为世界带来美好的变化和影响。因此，应该珍视每一个微小的存在，给予它们足够的关注和培养，让它们发挥出自己的潜力和价值。

韦顺水：

靠技能走出大山的青年榜样

韦顺水接受中央电视台采访

【背景介绍】 贵州省第一位世界技能大赛中国集训队选手

“没想到，会有这么多人关注，也没想到自己会成为家乡的骄傲”，韦顺水连用了好几个“没想到”，讲述着自己这一路的成长故事。

2020 年 6 月，央视《朝闻天下》播出报道《技能扶贫　点亮梦想》，为以宁波技师学院为代表的，以技能人才培养为抓手的“造血式”扶贫新路径点赞。报道详细介绍了宁技与贵州黔西南州安龙县技工学校对口协作班的学生韦顺水，通过在宁波技师学院求学，获得第 46 届世界技能大赛贵州省选拔赛塑料模具工程项目第一名的技能逐梦事迹。同年韦顺水的成长故事也被《China Daily》作为技能脱贫的典型，全网播出。

【他的故事】 用技能点亮更多人的人生

韦顺水在宁波技师学院学习模具设计与制造专业

韦顺水，贵州黔西南安龙县人，布依族，2018 年因东西部对口协作来到宁波技师学院学习模具制造，因刻苦学习被学校选为世界技能大赛贵州省选拔赛的种子选手。2019 年 12 月在贵州省选拔赛中拔得头筹，2020 年 12 月在第一届中华人民共和国职业技能大赛中又获得优胜奖和“最佳选手”奖，2022 年韦顺水回到老家安龙县，成为当地一名技工院校教师。

一、夙夜殷勤为蓓蕾，台前静默待花开

2015 年 7 月，家住贵州省安龙县龙山镇肖家桥村高山组的韦顺水初中毕业，盘算着上职校学习一门技术。家人开始并不是很支持韦顺水走这条路，因为村里也曾有学生就读职校，但由于学习不努力，不仅没学到一技之长，还耽误了几年时间，在村里人看来，不如早早外出务工来得实在。所以，韦顺水十分珍惜在安龙县中等职业学校就读的机会，在校期间刻苦努力，表现突出。2018 年 9 月，韦顺水通过班主任了解到宁波技师学院将开设“对口协作安龙班”。经学校综合评定，包括他在内的 35 名建档立卡贫困户学生得以从黔中腹地去往东海之滨的宁波市学习技能。

2018 年 9 月，韦顺水作为一名宁波技师学院“对口协作安龙班”学生，在宁波开启了一段新的学习生活。经过一年多的学习，这位布依族小伙子，就收获了一份特殊的生日礼物，他凭借巨大的优势成功斩获了第 46 届世界技能大赛贵州省选拔赛塑料模具工程项目第一名，并顺利进入贵州省集训队。这意味着他将有机会代表家乡参加世界技能大赛的国赛选拔。

二、春风化雨润心扉，锋从磨砺苦寒来

韦顺水说："我的人生改变就是从去到宁波开始的。"作为宁波技师学院与安龙县技工学校对口协作班的一员，最初他也曾有过苦恼和困惑，也对自己当初的选择充满茫然。

2018年11月，时任贵州省省长谌贻琴来到学校亲切地嘘寒问暖时，这个腼腆的男生回忆说，没想到像他们这样的小人物也能被这么大的领导关心；当市人社局领导多次来到学校了解这些大山里的孩子存在的生活困难时，让他觉得即便远隔家乡千里，他们依然不孤单；当学校组织他们周末游览宁波、制作宁波民俗小食、了解宁波人文风俗时，他觉得宁波俨然成为他的第二故乡；当学校为他们制订了弹性教学计划和单独培养方案，成立专门教学团队，为他们制订特有的教学实施时，他感受到了来自宁波这份特殊情谊的厚重，这厚重燃起了他曾经期盼成才的那份渴望，他决定用技能点亮人生，助力家乡经济发展。

从2019年12月1日接到第46届世界技能大赛贵州省选拔赛塑料模具工程项目比赛的通知到制订训练方案，从12月10日正式开始训练到12月27日返回黔西南代表安龙县技工学校参加比赛，不到一个月的时间，对于这个来自黔西南地区深山里的孩子来说，一切都显得那么仓促。但这个布依族小伙子厉兵秣马，砥砺前行。当12月30日晚比赛结果公布时，刚刚年满18岁的韦顺水忍不住流下了泪水，他没想到自己会收获这样一份18岁的成人礼。他历经一年磨砺终展锋芒，用技能照亮梦想、照进现实、照耀前行。现在的他总说："一个人先进总是单枪匹马，众人先进才能移山填海。"他愿意做一只头雁，希望能够带动更多黔西南技工院校的学生通过技能改变人生、造福家乡、报效这个美好的新时代！

韦顺水在第一届全国技能大赛获得塑料模具工程项目优胜奖

三、千淘万漉虽辛苦，吹尽狂沙始到金

韦顺水不断取得好成绩，已经成为学校和村里的好榜样。父母的态度也从"不是很支

持”变为他是父母的骄傲。2022 年，凭借着高超的技术，众多橄榄枝向即将毕业的韦顺水抛来。安龙县中等职业学校也在积极争取韦顺水回来任教。最终，韦顺水放弃了大城市的高薪工作，毅然回到安龙县中等职业学校。他说：“我想把自己这些年所学的技术、经验、方法教给学弟学妹，让更多的学生能够通过职业教育改变人生。”

韦顺水正在安龙县中等职业学校进行塑料模具专业教学

2023 年 4 月，韦顺水指导学校 2 位学生参加 2023 年贵州省职业院校师生技能大赛暨全国职业院校技能大赛选拔赛，获得了中职组装备制造类现代模具制造技术注塑模具项目二等奖，即将代表贵州省参加全国职业院校技能大赛。“我们学校是黔西南州中职学校中唯一开办数控专业的，这也是省级特色骨干专业，韦顺水老师的加入，给我们带来了很多新能量，学生们听说他的经历，也都对职业教育充满了信心。我相信今后韦老师会带更多学生去创造优异成绩，改变他们的人生。”安龙县中等职业学校高武国校长骄傲地说。

【后记述评】 精准脱贫，“技”往开来

渔，捕鱼也。

渔与鱼虽差三点之画，但就这三点之画，却将结果与手段区分的淋漓尽致，恰似脱贫路上的两条腿。

“技”为渔，则为鱼。

在宁波技师学院的对口协作班中，有很多像韦顺水这样的学生，他们有的在电气专业，有的在汽修专业，都在认真而努力地学习技能，感受着新时代带给他们的契机和美好，只争朝夕，不负韶华，在“甬黔”携手扶贫路上“技”续绽放他们的“技能之花”。

技能扶贫一人，解决就业一人，就会帮助脱贫一家。授人以鱼不如授人以渔。技能扶贫改变了以往单纯资金注入、物质帮助的“输血型”扶贫方式，开创了以技能人才培养为抓手的“造血型”扶贫道路，让大山里的孩子走出贫困的泥沼，用技能点亮梦想，拥有闪光的明天，打开通往未来的希望之门。

千帆逐浪之追寻篇

夏琦男：

用匠心焊出青春梦想

夏琦男正在示范机器人焊接操作

【背景介绍】 毕业于技工院校的“四有”好老师

你心目中的技工教育是什么样的？有人说“技工教育是兜底教育”。当这样定义技工教育时，而那些曾经就读于技工院校的“兜底”学子却在用闪光的青春证明着技工教育的价值。

今天认识的这位青年，他毕业于技工院校，因读书期间，各方面表现优秀，留母校任教；在母校专业发展之际，勇挑重担，从机电跨行进入焊接，再以教师身份从零开始，钻研焊接，下企业、拜师父、用心学，硬是把自己从“焊接小白”练成了第45届、第46届、第47届世界技能大赛焊接项目中国技术指导专家、浙江省技术能手、浙江省青年岗位技术能手、宁波市“四有”好老师、宁波市五一劳动奖章获得者，并担任宁波市焊接协会副秘书长。

他就是宁波技师学院焊接专业的教师——夏琦男。

【他的故事】 不啻微芒 造炬成阳

夏琦男老师正在研究机器人焊接操作工艺流程

2021年东京奥运会结束后，有一次和夏琦男老师聊天，他说刚刚结束的东京奥运会让他看到了“人的发展有更多的可能性”。他说：“宁波现在被誉为‘五金’之城，大家都在为这群年轻人点赞。但是当我静下心来翻看这些年轻人的成长经历时，发现他们都是在小小年纪就坚定地选择了体育这条路。当人们在为他们喝彩时，没有人去谈论他们的学习成绩，这就说明人的成长不是只有一条路的，而是具有无限可能性，但是一旦选择了要走的路，就必须要坚持下去。因为，只有坚持才有获得成功的可能。”

“虽然外界认为技工教育是兜底教育，但我却不这么认为，他们只是在课业成绩上不是佼佼者而已。我，就是一个活生生的例子，是技工教育最大的受益者，我也经常会把这些讲给学生听”，夏琦男老师如是说。

一、与宁技初次相遇

2001 年 9 月，夏琦男初中毕业，走进宁波高级技工学校的大门。偏科严重的他，英语很不好，踏入校门问的第一句就是“你们这里还学英语吗？”。当时接待的老师笑着看着这个有点倔的小男孩说：“我们这里以学技能为主，只要你学好技能，一样可以受到他人的尊重！”自那以后，夏琦男明白了，英语已经不再是他未来的绊脚石，他可以在这里以技能开启人生的另一个起点！

可是，这股热情仅仅维持了一个月。他发现技能学习不是他想象的那样，本以为一开始就可以接触机器，可是开学都一个月了，老师们貌似还没有让他们接触机器的打算，这让他陷入了迷茫。有一天，夏琦男的父母问他“你学的是什么？将来要干什么？”，他发现自己似乎又陷入了初中彷徨的怪圈。直到班级里的两个活动，彻底让他意识到学校不单单是学习技能的地方，更重要的是培养个人成长的沃土。

其中一个活动是“人人都是班干部”，夏琦男的班级没有班委，因为人人都是班委，这就促使每位同学都以主人翁的思想去服务班级，锻炼自己。当夏琦男毕业时，学校学生会和团委主要岗位几乎都是他们班级的同学。后来，不少同学都从技能一线走上了管理岗位。另一个活动是“定目标，定计划，去实现”，夏琦男当时给自己定的目标是做一个车间主任。他全面了解了车间主任应该要做的事情，车间主任需要熟知整个加工的全部过程，协调整个车间的生产。所以他虽然学了钳工专业，但又利用下午 5 点到晚上 9 点的时间参加了数控铣床的加工生产，每天早上 5 点还要准时到车间，在老师的带领下对所有机床进行维修保养。期间他还代表学校，参加过加工中心、工具钳工、模具制造等多项工种的浙江省乃至全国的比赛。

每当夏琦男回忆起这段经历时，总会说，这应该就是总书记说的，“拔节孕穗期”要扣好人生的“第一粒扣子”的最初实践吧！

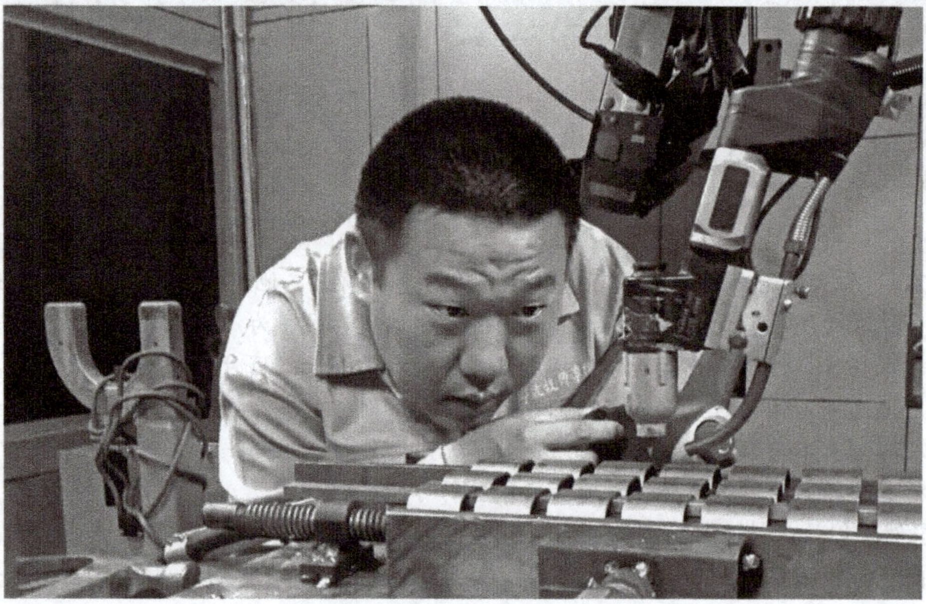

夏琦男正在进行日常技能训练

二、用技能致知力行

夏琦男是科比的球迷，他经常挂在嘴边的那句话是你知道洛杉矶每天早上 4 点钟是什么样子吗？苦练技能的夏琦男也如科比般，清晰地记得每天早上 5 点和晚上 9 点学校的样子。他总说："技能水平要想提高，需要的是上万次的刻意训练，否则何以百炼成钢？"

夏琦男学的是机电专业，毕业留校后，学校根据宁波市产业结构的特点，进行专业拓展，新增焊接专业。考虑到夏琦男学习能力强、上手操作快，和夏琦男商量问他愿不愿意转到焊接专业。夏琦男一听，心里"咯噔"一下，这不是在同领域内换方向，而是要重新涉足一个全新的领域。

夏老师想了想，虽然赛道不同了，但是技能背后的学习逻辑都是一样的，于是夏老师开始了焊接专业学习的全新之旅。用他的话说，是边跟着师傅学、边教着学生学。跟着师父学，是学入门，可要教学生，那就必须得有实打实的本事，所以他刚在师傅那学好了，就马上在实训车间自己先练起来，一遍遍练，直到觉得这样去教学生没问题了，他再在课堂上教给学生，同时他还会把自己在实践中出现的一些问题和总结出来的注意事项一并教给学生，并在学生实操时再整理学生出现的各种问题，然后思考相应的解决办法，所以他总说"教"和"学"不分家。

三、用奋斗见证青春

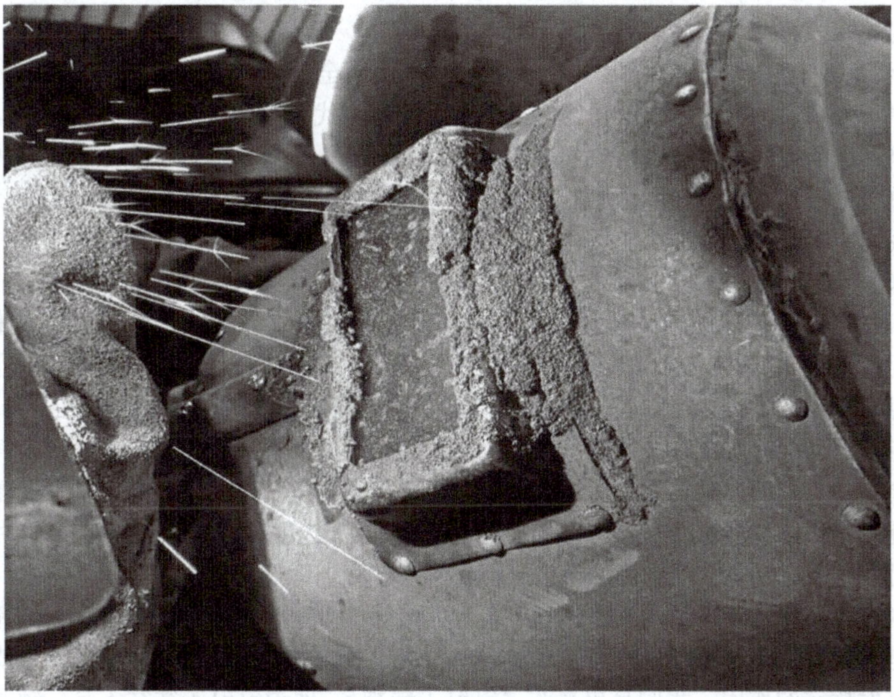

焊接技能训练时小焊花溅落在面罩上的"沉淀"

这张照片是 2020 年 10 月大赛前夕，焊接选手在训练过程中，夏琦男拍下来的。乍一看可能没有什么特别之处，面罩上面那层厚厚的堆积物，知道那是什么吗？在焊接时，会有小火花飞射出来，有一定概率会附着到面罩上，但这概率非常低，大约百分之几。夏琦男说："不要小看这厚厚的一层，它至少需要累计焊接 1000 小时以上才有可能达到。"这厚厚的一层，是夏琦男从理论走入实践的背书，也是他刻苦钻研技能训练的见证。

2018 年，习近平总书记在北京大学考察时，曾讲到学术、知识不能只是在嘴上，要联系实际，做到知行合一、格物致知、学以致用。夏琦男老师尽管毕业于技工院校，但是他在实践中发现理论在实践中的指导作用，于是他立足岗位，先后组织参与了《焊工基本技能》《焊接结构与课程设计指导》《ABB 机器人傻瓜式教程》《OTC 焊接机器人讲义》《数控切割机讲义》等教材、讲义的编写，其中《焊工基本技能》《焊接结构与课程设计指导》已经正式出版发行，他还完成了浙江省《焊工初、中、高级技能鉴定题库》的开发。他根据实训操作经历，自主研制了"焊接型材技能训练法"，不仅大大提升了焊接基础技能训练课程的效果，每年在培养学生及学员方面节省了近百万的资金。

就是这样一个毕业于技工院校的技工学子，用微弱的光芒，坚守着技工教育，点滴地打磨汇聚成耀眼的光芒。

【后记述评】　焊花飞舞的背后是脚踏实地

匠，从匚，从斤。斤，所以作器也，是对自己在专业领域里的"斤斤计较"，是对技能千磨万砺后瓶颈的突破，故谓匠也。

2024 年 3 月 5 日下午，习近平总书记参加十四届全国人大二次会议江苏代表团审议，同来自中车南京浦镇车辆有限公司的巾帼电焊工孙景南代表亲切交流。习近平总书记以交通行业为例，深情地回顾了新中国成立以来我国自力更生、艰苦奋斗推动产业发展取得的辉煌成就。总书记提到，这里面很重要的就是工匠。光图纸设计得好还不行，最后要落实到焊工手里，我们要实实在在地把职业教育搞好，要树立工匠精神，把第一线的大国工匠一批一批培养出来。

焊接是现代制造业的三大关键技术之一，是支撑我国成为制造大国的关键技术。但是焊接作为一个特殊工种，除了高温、辐射、视力损伤外，工作环境更是苦脏累差，很多家长都不愿意送孩子来学习这门"手艺"，很多学生自己也不愿意吃这份苦。但是在夏琦男看来，术业有专攻，总得有人做这一行。

夏琦男为了带动大家学习专业的兴趣，总是拿出很多酷炫的焊接构件，像变魔术一样化腐朽为神奇，调动着学生的兴趣。为此，他申请组建了焊接专业兴趣学习小组，利用晚上和周末的时间，为有兴趣学习焊接的学生进行技术指导和训练。

当别人和夏琦男老师说他就是螺丝钉精神的最好体现时，夏老师却说，螺丝钉精神固然好，但是螺丝钉是要用在合适的地方才能派上用场，否则螺母和螺丝不匹配，这个螺丝钉也还是没有发挥它的作用，我倒是更喜欢'钉钉子精神'。他说钉钉子往往不是一锤子就能钉好的，而是要一锤接着一锤敲，直到把钉子钉实钉牢，钉牢一颗再钉下一颗，不断钉下去，必然大有成效。如果东一榔头西一棒子，结果很可能是一颗钉子都钉不上、钉不牢。"讲完后，夏老师眼睛弯成一道缝，露出雪白的牙齿，自顾自地笑了起来……

丁澄洋：

爱上那道炫酷的弧光

丁澄洋在宁波技师学院进行焊接学习

【背景介绍】 焊接“世家”的传承

一提丁澄洋，就不得不提他的父亲丁卫松。他的父亲丁卫松是一名老焊工，国务院特殊津贴享受者、全国技术能手、浙江省五一劳动奖章获得者……而丁澄洋的这条焊工之路，也是对父亲技艺与期望的传承与延续。

丁澄洋，2020 年第一届中华人民共和国职业技能大赛焊接项目优胜奖获得者，第 46 届世界技能大赛焊接项目中国集训队选手，宁波技师学院焊接专业 2020 届毕业生，现就职于绍兴技师学院。

【他的故事】　丹霞夹月明，弧光出云间

丁澄洋和他的焊接“小伙伴”的合影

2020年的春节异常特殊，中国武汉吸引了全球的目光。而当武汉火神山医院仅仅用了10天时间就正式投入使用了，国际舆论都在赞叹中国速度、赞赏中国力量。看着这些，当时宁波技师学院2016届数控焊接（五）班的丁澄洋深深地感到自豪和责任。因为他深知这个专用的医院，仅用10天便可交付使用，使用的是装配式钢结构，而焊接是钢结构制造最重要的环节。

焊接专业的丁澄洋，作为焊接人的后代。他不止一次听父亲为他讲过世界上生产出来的金属75%都通过焊接来达到使用需求的，大到飞机火箭潜水艇，小到锅盆菜刀等生活用品，所以焊接技术的好坏直接决定了产品的质量。也就是从那个时候起，丁澄洋对焊接专业的认识已经不仅仅是一门技术、手艺、乐趣，更多的是感受到这个专业所带来的魅力和挑战。

一、冥冥之中的焊接缘

丁澄洋的父亲——丁卫松，一名从事焊接工作已经三十年的老焊工，全国技术能手、国家级技能大师工作室领衔人。

丁澄洋小时候，一直好奇邻居称呼他父亲为“铁裁缝”的原因。邻居们有什么破了漏了的盆锅以及坏掉的工具给父亲，父亲拿回来折腾一番，这些盆锅又变成新的那样。家里的菜刀，衣架都是父亲做的。特别是当他对别的孩子有木头手枪羡慕不已的时候，父亲居然给他做了一把铁板手枪，外形几乎和真的一样，让他在同学当中出尽了风头。

从那时候起，父亲就成了他的偶像，父亲的职业在他眼里也是笼罩着光环的。2016年

中考结束，成绩不怎么理想，接下来的路怎么走丁澄洋感到非常的迷茫，是勉强去上一个高中呢，还是学一门技术以后踏实地做一名技术工人？这个时候父亲对他说，要不到我干活的地方看看？在父亲工作的车间里，当他看到两块钢板在一道电弧之后瞬间凝结在了一起，比裁缝师傅做衣服还要简单，他终于明白了小时候邻居们为什么要称父亲为“铁裁缝”了。而那焊缝上一片片整齐均匀的铁鳞片又让他感到非常的神奇。他下定决心要像父亲那样做一名优秀的焊工！经父亲推荐和上网了解，丁澄洋选择了宁波技师学院数控焊接专业，在这里实现它技能成才的梦想！

丁澄洋（左一）和父亲丁卫松的合影

二、彷徨之中的那道弧光

一入校门，带着梦想来的丁澄洋便开始崭露头角，他的班主任周均怡老师发现他积极向上，于是让他担任班长一职，作为班长他尽职尽责，协助班主任把班级事务打理的井井有条；同时他孜孜以求的学习专业知识，想着为日后的实训打下扎实的基础。他的父亲和他说过，“工”字是工程师的工，也是工人的“工”，只有做到专业理论水平和实践操作技能的共同提高，两个“工”结合在一起，才能成为一名优秀的技能工人。入学没多久恰逢学校世赛项目焊接技术集训队选拔，他听专业老师讲过太多焊接集训队学长成长的故事，于是他毫不犹豫的选择报名，经过层层筛选，最终他入选集训队。

集训队的训练是艰苦的。这时候的他终于知道了儿时父亲为什么会一身汗、一脸黑、一身怪味儿回家的原因了。焊接被称为“最不要脸”的工作，工作的时候一定要戴着面罩，你脸上不蜕掉几层皮，眼睛不红痛几次你就入不了这个“门”。烈日盛夏，穿着厚厚的防护服在近 40℃的车间里训练时，被汗水浸透的 T 恤衫已经能够拧出水来；被焊接溅起的火花烫到眼睛、烫到皮肤，已成为家常便饭。他也曾打过退堂鼓，觉得这个专业实在是太苦了，他也想像别的专业那样可以以脸示人，也想像别的专业那样环境舒适惬意，甚至又羡慕起那些读高中的同学来了。当丁澄洋回到家中面露怯色的和父亲提出他的感受的时候。他父亲拿出了他那一叠叠从公司到国务院颁发给他的荣誉证书，然后给他讲每一本证书的来历。看着父亲坚定的眼神和已经不再挺直的腰背时，他仿若看到了父亲是怎样从一个高考落榜的农民工一步一步成为焊接专业技术人员的辛苦和喜悦。他想起了他入学那天，父亲曾对他说的那句话："洋洋，从今天开始，你不再是个小男孩了，既然你选择了踏入宁波技师学院的大门，就得坚持走下去。不管今后怎么辛苦，你要记住你今天的想法，做好每一个当下，才能成就你的未来。"

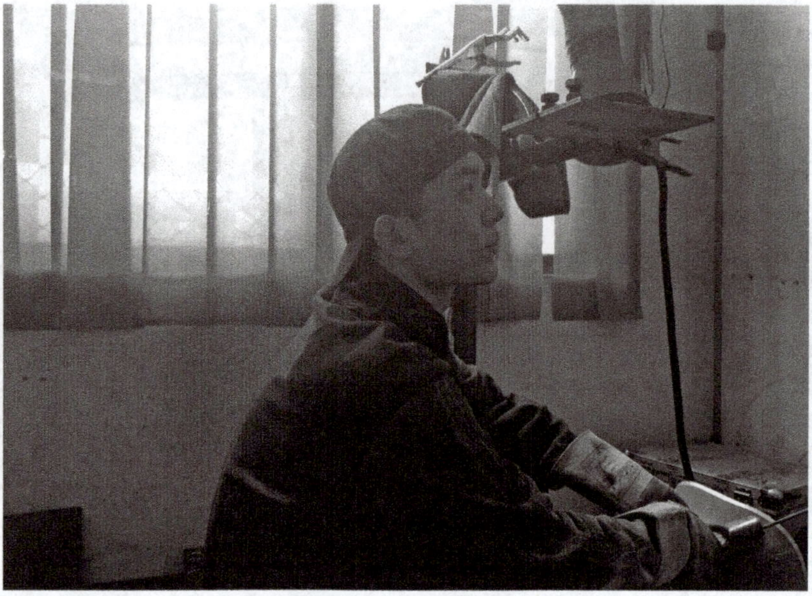

丁澄洋正在进行焊接实训

丁澄洋（左一）与父亲丁卫松正在研究焊接技术

三、在“最不要脸的工作”中焊出青春的笑脸

那一晚丁澄洋想了很多，想起了父亲对他说的话，想起了班主任周老师对他的信任，想起了专业老师夏琦男对他的尽心栽培，想到了当初他之所以报宁波技师学院的原因——宁波技师学院是他焊接圆梦最好的地方。第二天他再次背上行囊，来到学校。这一次他的心里已经只剩下一件事情了，就是训练！用世赛项目的训练标准来训练自己的技艺水平。他把自己焊接的工件和学长的做对比、与优秀的做对比。不懂的找老师、找资料，欠缺的地方就再训练，不断找出差距、寻找改进的工艺方法。

功夫不负苦心人，2019 年 6 月，在浙江省中等职业技术比赛中，丁澄洋获得了中职组焊接第一名。在第 46 届世界技能大赛宁波市选拔赛中，丁澄洋又以总分第一的成绩，代表宁波市参加 2020 年浙江省的选拔赛。在浙江省选拔赛中丁澄洋又以总分第一的成绩，代表浙江省参加了第一届中华人民共和国职业技能大赛，并获得优胜奖，入选第 46 届世界技能大赛焊接项目中国集训队。

丁澄洋在第一届中华人民共和国职业技能大赛闭幕式上留念

谈及这些成绩时，丁澄洋表示“很感谢学校老师、教练和平时集训队师兄师弟的帮助。他们陪伴我走过一段段寂寞的训练时光，让我对专业有了更深的理解，让我证明了自己价值和存在”。

金鳞岂是池中物，一遇风云便化龙。经过磨炼，这位焊接小将，从最初的迷茫到爱上焊接，他用焊接点亮了青春的火花，用技能书写着人生的梦想。人生会有什么样的机遇，我们不得知，但我们能把握的就是活在当下，不念过往，不畏将来，才能不负余生。

【后记述评】 何谓热爱？

丁澄洋说他现在已经爱上焊接。他说如果你热爱你的工作，它就会让你心心念念不能放

下，连睡梦里都会在想。丁澄洋说他三天不练就会浑身难受。他骄傲于他的专业，享受着焊接给他带来的乐趣。

他说，因为这个专业让他懂得什么叫做万丈光芒。当漆黑的夜晚，一道道强烈的紫外线迸发时，是多么炫酷；当漆黑的夜晚，一缕缕紫蓝色的轻烟飘扬时是多么优美。当漆黑的夜晚，均匀整齐的铁鳞片发出耀眼的金属光泽，是多么的幸福。当你学会欣赏它的美时，你就会深深地爱上它。只有热爱，才会坚持；只有坚持，才会看到希望。焊接专业让他知道了什么是品质、坚持与忍耐。与学到的专业技术相比，他更感谢这个专业所教给他的品格磨炼。他的目标是希望像父亲那样，成为对社会有贡献的技术工人。

2023 年 9 月，第二届中华人民共和国职业技能大赛在天津落下帷幕。丁澄洋也参加了此次大赛，与第一届不同的是，他已经从学生选手变成了职工选手。当比赛结束后，他走出比赛现场回到酒店，望着酒店对面的“天津之眼”，在朋友圈写下了一段话，原文如下：

放下焊枪的那一刻，眼睛起了一层水雾，有些无奈，有些彷徨，对于别的选手来说三天似乎很漫长，可对我来说却太过于短暂……

一直以来都是以选手的身份走进赛场，大大小小赛了十几场，从惴惴不安到淡定自若，再到享受比赛，不管结果如何，我总能够笑着走出工位，很多执裁过我的裁判都印象深刻，这小子心态很不错！

可这一次的离场，我的脚步格外沉重，因为我知道，我的角色自这次起已经彻底转变，或许下一次我就是那个在身后默默注视着少年们入场，给他们加油鼓劲的人。

焊工很辛苦，这次来的选手很多都是一线工人，身上有大大小小数不清的疤痕，相较于部分选手，现在的我倒是变得格格不入。我深知我是幸运的，赶上了好时代，通过技能竞赛改变了命运，走上了三尺讲台，更多的时候是在教书育人，可正是因为如此我更清楚自己身上的责任之大，担子之重。

早些年的焊工不重视安全保护，没有系统的接受过技能培训，或者说根本不知道还有护套、护腿、头套等这类劳保用品，以至于人们对于焊工的固有印象就是蹲在路边叼着烟，趿着人字拖，戴着墨镜焊防盗窗和修修补补的老头，没有太多的技术含量可言，一举一动也充满安全隐患。

新时代的优秀焊工不仅要掌握多个位置的焊接技巧，还要使用多种焊接方法对不同材料进行焊接作业，这个“工”不仅仅是工人的工，也是工程师的工，不仅要能焊好，还要知道为什么这样焊，了解焊接原理，知晓焊接工艺。

我时常想我们这些“幸运”的人存在的意义到底是什么，今天踏出赛场的那一刻我才明白，不仅仅是将技能传授给更多有需要的人，更是将心中的那一份坚守与热爱继续传递下去，不管孩子们将来所从事的是什么行业、什么工种，我希望他们不变的是永远有一颗永无止境、永不停息的向上之心。

徐志勤：

沿着前辈的足迹勇往直前

徐志勤获得第二届全国技能大赛焊接第五名（优胜奖）

【背景介绍】 宁波技师学院的第一位焊接“全国技术能手”

在所有的技能大赛项目中，焊接被媒体评为竞争最激烈的项目之一。因为焊接是工业的基础工种之一，从业面广，从业人数多，下到蛟龙号入海，上到神舟火箭上天，焊接无处不在。毫不夸张地说：抬眼望去，只要目光所及之处，必能找到焊接的踪影。

随着国家对技能人才培养的重视，历届焊接项目是所有项目中参加人数最多的，也是实力最强的。每届比赛中央直属企业派出的选手就占三分之二以上，涵盖核电、兵器工业、航空航天、冶金、石油、建设等行业。2023 年 9 月，第二届全国技能大赛中，宁波技师学院焊接专业学生徐志勤，在一众高手间杀进前五，并获得“全国技术能手”荣誉称号时，徐志勤成了宁波技师学院焊接“第一人”，他超过了他的老师夏琦男、也超过他的学长丁澄洋，他说：“能有今天的成绩，是因为我站在了前辈们的肩膀上！”

【他的故事】从“技术小白”成长为“全国技术能手”

徐志勤日常训练照

与丁澄洋焊接“世家”的传承不同，徐志勤完完全全是误打误撞选择了焊接专业。

一、最初始于烹饪专业的“拒绝”

徐志勤还记得2018年的那个夏天，成绩一般的他决定报考宁波技师学院。“一开始我想报的是烹饪班，但是老师看我的成绩还可以，和我说只学三年烹饪有点可惜，可以报考分数更高的五年学制专业，所以委婉地把我拒绝了。”

志愿落选的徐志勤在家里闷闷不乐，这时却意外接到了焊接专业的电话。“我觉得这是自己和焊接的缘分吧，所以我决定好好学习焊接这门技术，做到最好”，徐志勤说道。

进入学校后，徐志勤不仅在课堂上下功夫，还加入了焊接兴趣小组，深入钻研。他笑着回忆起第一次焊接时的情景，“当我把一个个零件焊在一起时，心里也充满了成就感和自豪感。原来通过焊接技术，可以把这些坚固的东西组装在一起，把不可能变成可能。”

焊花飞溅，铁水熔化，徐志勤对焊接技术越发的着迷，日复一日，年复一年。徐志勤渐渐从“技术小白”一步步成长为学弟们眼中可靠的“技术能手”。

二、在“小”专业中寻找逆袭之路

焊接的“小”不是说它专业小众，而是因为人们的偏见和行业的辛苦，选择焊接专业的学生比较少，导致宁波技师学院每年这个专业都招不到 40 人，一不小心就成了学校中人数最少的专业。

徐志勤说，小有小的好处，老师们有足够的时间和精力关照我们。比如，在我们的比赛中，难度最高的是压力容器的焊接。“你想，高压锅承受的压力约为 0.12MPa，而压力容器需要承受 7 MPa 的压力，因此对技术的要求非常高。稍有疏忽，就通不过水压测试”，徐志勤说。在全国技能大赛中，4 个模块总共给了选手 18 个小时去操作，大部分人会在压力容器焊接这模块花费 8~8.5 小时，这一模块不仅是对时间的掌控，更是对体力的考验。

徐志勤在夏琦男老师的指导下进行训练

夏琦男老师带着徐志勤一次次训练，排摸问题、走访专家、寻找手感，而徐志勤也在和夏老师的接触中，学到了“办法总比困难多”的思想法宝，成了我在训练和比赛时的压舱石。

所以，很多人认为焊接是个粗活，其实焊接对工人的操作技术、应变能力以及耐心、恒心都有很高的要求。比如，工人必须熟知不同材料的特性，灵活变通焊接技术。铝就是工人们头疼的材料之一，铝的熔点较低，约 660℃，但升温很快。当工人焊接零件的一侧时，另一侧的温度会迅速超过 500℃，不抓紧时间焊接的话，非焊接侧容易达到熔点坍塌。因此，工人对温度要有很敏锐的感知，手、眼也得默契配合。

三、“焊”卫出彩人生

2024 年 3 月，在河南举行的第 47 届世界技能大赛焊接集训队集中考核赛中，徐志勤没能再创奇迹。他说没关系的，能和这些高手过招，他已经赢了自己。“虽然现在有很多机械化设备，但手工焊仍是这门技术的基础，我要不断精进技术，迎刃而上，希望有朝一日能像高凤林、艾爱国等大师那样焊出国之重器，实现自我的价值。”徐志勤表示。

【后记述评】 守得云开见月明

星光不问赶路人，时光不负有心人！

2023 年 9 月，第二届中华人民共和国职业技能大赛在天津闭幕，夏琦男老师培养出了 2 个全国技术能手！

夏老师也难掩喜悦，说这是浙江省二十年来，第一次在焊接项目取得突破，丁澄洋和徐志勤，一个代表职工组国赛精选项目、一个代表学生组世赛选拔项目，同时获得“全国技术能手”荣誉称号，这十余年的奋斗总算是开花结果了！

夏琦男老师说起了丁澄洋发的那个朋友圈，他说：“酒店正对着‘天津之眼’，当我看着小丁他们走上赛场、竞技拼搏时，我觉得这就是‘命运的齿轮’开始转动了。当他们比赛结束后来到我房间畅聊时，看着他们那么热情洋溢，我已经慢慢从说话者，变成了聆听者！那一句一句‘夏老师’，让我有种想哭的冲动！恍惚间觉得自己老了。”

夏琦男老师拍摄的“天津之眼”

老师最大的意义是什么？应该不是培养的学生有多大的成就，而是不论学生有没有成就，都会在以后多年里，记得在自己的成长路上曾经有一位老师，陪着自己走了一段很有意义的路！

遇见最美的年华之筑梦篇

刘庆华：

让“中国红”惊艳世界技能舞台

刘庆华老师正在指导集训队学生训练

【背景介绍】 重型车辆维修项目专家组组长

他是蒋昕桦、翁研的指导老师，是高吉的引路人，更是我国重型车维修领域的拓荒者。他让重型车维修从一个看似不起眼的维修工种变成了一个正规专业，打破了国外的垄断局面。

刘庆华，宁波技师学院正高级讲师，高级技师。全国五一劳动奖章获得者，国家级技能大师工作室领衔人，宁波市争创全国文明城市“六连冠”记功（嘉奖）先进个人、浙江省劳模、人社部首批技工教育和职业培训教学指导委员会委员、宁波市领军人才、宁波工人大学特聘教授和世界技能大赛广州研究中心学术委员会委员，连续三届世界技能大赛重型车辆维修项目中国队专家组组长。

【他的故事】 奋斗者 正青春 “从 0 到 1”重装起步

刘庆华老师进行重型车辆维修实操示范

如果问你重型车是什么，你会怎么回答？如果问你重型车有哪些，你又会有怎样的答案？

初次见到刘庆华，是在宁波技师学院重型车辆技术与维修集训基地，问的第一个问题就是什么才是重型车？刘庆华反倒问起了我父母的工作，当我说从小在煤矿长大的，刘庆华说：“采矿过程中用于挖掘的大型机械和工业设备就是重型车；宁波作为港口城市，路上来来往往的集卡车也属于重型车；还有地铁施工时用到的很多大型设备也是重型车；当然农民种地时使用的各种大型农用器械设备依然是重型车。”这个回答让我们对重型车有了新的理解和认知。

一、从 0 到 1 选择重型车辆维修向上生长

重型车辆维修项目是 2015 年第 43 届世界技能大赛列入竞赛项目的，从那个时候起，刘庆华就开始关注这个项目。作为一名土生土长的汽车人，他觉得中国作为制造大国，产品远销海外；作为基建狂魔，工程惊艳世界；作为农业大国，解决了世界上近五分之一人口的温饱问题；可是重型车辆维修项目的赛场上却没有中国选手的身影。于是，当人社部决定参加第 44 届世界技能大赛重型车辆维修项目的比赛时，刘庆华临危受命担任该项目的专家组组长，带领团队梳理重型车辆维修项目的比赛内容、技术标准和评分规则。

刘庆华带着吴杰（右一）进行重型车辆技术项目执裁

刘庆华说，那时国内关于重型车辆维修与技术的相关资料非常匮乏，要让参赛学生把汽车里 10 万个零件的英文名称一一对应都是难题，更别说维修了。为了掌握更多的一手资料，刘庆华翻阅了大量的英文和德文维修资料，并找到了他在德国留学期间的老师和同学，以电邮方式与他们交流，有时还要半夜与他们视频沟通，经过一段时间的摸索，他逐步熟悉了国外重型车辆的维修标准和作业流程，并自主制作完成了国内第一套重型车维修中英文教材，填补了我国在世界技能大赛重型车辆维修项目上理论知识的空白，也为人才培养奠定了坚实基础。

刘庆华指着墙上那张他和吴杰（第 44 届阿布扎比世赛重型车辆维修项目第 9 名）合影的照片说，这是他的大弟子，指着另外一张他和莫镇安（第 45 届喀山世赛重型车辆维修项目第 6 名）的合影说，这是他的二弟子，他说，我希望更多的年轻人关注这个领域，也希望能培养出更多的弟子，让更多的年轻人能够从事这个领域的工作。

莫镇安在第 45 届世界技能大赛上担任中国代表团执旗手

二、从 0 到 1 选择浙江宁波向下扎根

如果说对重型车辆维修项目比赛的摸索实践是刘庆华的一次从 0 到 1 的选择，那么对重型车辆专业技能人才的培养，就是刘庆华又一次从 0 到 1 学习圈的挑战，需要更多学习方法的探索以及思维模式的转变。

宁波因港而生，因港而兴，港口是宁波最大的资源，来往的集卡车仿佛港口经济动脉中奔流的血液，承载着每一个追梦人奋斗的脚步。宁波现有集卡车两万多辆，但是具有重型车辆维修能力的高技能人才却严重短缺。

于是，刘庆华作为宁波市紧缺人才被引进，而他则选择以一名技工院校教师的身份，在宁波这座制造业之城，从事重型车辆高技能人才培养工作。

宁波技师学院重型车辆维修集训基地

“刚到学校时，学校的重型车维修专业刚刚起步，与先进学校的差距很大。”刘庆华坦言，刚来到学校，压力很大，他能做的，就是带着大家撸起袖子加油干。从教学设备的选择到实训设备的型号，每一项工作刘庆华都是亲力亲为。色彩鲜艳的动力传动轴，被拆分后安稳地躺在平台上；挖掘机的每一块面板，被清晰地标号，整齐排放在桌上，内部结构一览无余；世界知名品牌重型训练车卡特彼勒、沃尔沃、奔驰、康明斯等呈两列一字排开，安静地立在集训基地里，诉说着集训基地从无到有的过程。

刘庆华说，工欲善其事，必先利其器，重型车辆维修项目最大的难点就是技术难、种类杂、智能化程度高，技能人才的培养对设备资金的投入、教学师资水平等方面都有很高的要求。例如第 44 届世界技能大赛全世界只有 16 个国家和地区参与此项比赛，中国是亚洲唯一参与此项比赛的国家。

宁波技师学院重型车辆维修集训基地中的重型设备

一般来说，一辆重型车的价格在几十万甚至几百万，对于院校来说投资太大，为了克服设备欠缺这一阻碍，刘庆华积极对接国内外重型车生产商，通过校企深度合作的方式，一方面借力企业设备设施，为教学开展提供助攻，另一方面助力企业设备设施维修手册的编写，为企业技术售后服务提供支持。现在宁波技师学院已与柳工、沃尔沃、宝马格等一批国内外品牌厂商形成合作关系，设备价值超 3000 万元。刘庆华倍感骄傲地说："现在这里已经有三个全国第一：重型车训练场地面积，全国第一；国际品牌重型车辆数量，全国第一；师资团队，也是全国第一。"在这样一流的训练场地上，刘庆华也带出了一批一流的学生。

"刘老师不但改变了我的学习和生活习惯，更给我指明了前行的方向。"2020 年第一届全国技能大赛重型车辆维修项目金牌获得者蒋昕桦说，"我在刘老师这里获得的不仅是知识、技能，更多的是持续学习的能力和做人处事的道理。遇到刘老师后，我这位曾经连世赛的校集训队都没能入选的'吊车尾'选手，开始了一连串不可思议的逆袭。我还作为此次中国代表团唯一一位宁波选手和刘老师一起赴奥地利出征 2022 年世赛特别赛，为国争光，奔'甬'向前！"

三、从 0 到 1　选择技工教育厚积薄发

刘庆华老师和他的"小伙伴"合影

采访临近结束，刘庆华充满信心地说，"国家已经开始为重型车辆技术项目设立专业目录，在技工院校专业目录中增设了重型交通运输车辆应用与维修这个专业，未来会有更多的青年学子到这个领域专业的学习，社会对重型车这个领域也会有更广泛和深入的认识。"

刘庆华一边说着一边打开他编写的《汽车专业计算》校本教材，他说，这本教材是他借鉴德国双元制模式，将重型车辆维修过程的每一个知识点都以图文并茂的方式展现出来，没有复杂的理论，都是可视化的操作，学生看着这本教材就可以按图索骥完成相关训练和实操，这本介于传统教材和维修手册之间的使用教程，是技工教育工学一体化

很好的实践与应用。

刘庆华老师分享从事职业教育的心路历程

刘庆华高兴地说：“现在学校重型车辆维修专业团队也正在牵头做人社部关于重型交通运输车辆应用与维修这个专业的一体化课程开发，这又是一次从 0 到 1 的挑战。参加世赛融入世界是一次从 0 到 1 的挑战，对接世赛建设专业又是一次从 0 到 1 的挑战。世赛是技工院校提升教育教学质量的有力手段，是教学改革与发展的助推器，是校企深度合作的重要平台。技能是不断发展变化的，世赛也会根据当下世界技能发展的现状及未来的需求进行调整，技能的比赛方向往往与行业的发展趋势紧密相关，同时在一定程度上引领着这个行业的人才培养方向。这与技工院校‘工学一体’技能人才培养理念不谋而合。所以下一步，我打算一方面把教学标准与行业标准接轨。借鉴世赛先进的技能理念、技能标准和评价体系，努力将竞赛标准向教学标准转化；另一方面结合世赛规则，做好课程改革，让世赛的规则理念渗透进日常的教学实训中，让更多年轻人在技能成才、技能报国的道路上展现新时代技能青年的风采和实力。”

从 0 起步，刘庆华带领宁波技师学院重型车辆团队交出了一份亮眼的成绩单，填补了浙江宁波在重型车辆维修技能人才培养方面的空白。从 1 开始，扎根技工教育，潜心钻研，实现重型车辆高技能人才培养从量变到质变的积累飞跃。刘庆华说，感谢宁波这座友爱包容的城市，以无比广阔的胸怀接纳了我，让我得以放开手脚，大胆追梦！感谢这个伟大的时代，给了我们人生出彩、梦想成真、与时代共同成长和进步的机会。

潮平两岸阔，风正一帆悬！

【后记述评】 一万年太久，只争朝夕

刘庆华说，他最喜欢的体育运动有两个，一个是乒乓球，一个是桌式足球。乒乓球让他

更加明白教育就像乒乓球的对打，不是一味强攻就能取胜，也不是一味削球就能守住，要根据球风、球路变换套路和打法，当然这些都需要个人技术的全面掌握；桌式足球让他深刻体会到技术的发展就像对打过程中突如其来的足球走位，要有拥抱变化的心态、快速反应的敏锐和及时调整的灵活，只有这样才能命中目标。

在与他的交流中，能感受到他身上那股“一万年太久，只争朝夕”的倔强奋斗，也恰如他喜欢的那两项运动，既要敢于亮剑，也要善于亮剑！

朱伟刚：

因为专注所以专业

朱伟刚老师正在进行制图课程讲授

【背景介绍】 宁波技师学院的制图达人

在宁波技师学院，如果朱伟刚老师说自己制图课的板书和制图水平是学校第二，那么宁技没有哪位老师敢说自己是第一！

朱伟刚，宁波技师学院机械系教师，机械工程师、高级讲师，中国图学学会会员、中国计算机学会会员。朱伟刚是一位具有30年教龄的老教师，他没参加过什么比赛，也没有亮眼的成绩，但是他的课堂、他所讲授的内容，全校师生都为之赞叹。上过他课的学生、听过他课的老师，都会为这位扎根专业基础教学、有着深厚功底和沉淀的老师点赞。

【他的故事】　罗马不是一天建成的

朱伟刚老师正在学习 3D 打印建模软件

朱伟刚老师，讲台上一站就是 30 年。从手工制图到信息化教学，他用“硬功夫”传递专业的规范、严谨与细致。

一、兴趣是最好的老师

朱伟刚老师 1993 年参加工作，从踏上讲台的第一天，讲授的第一堂课就是机械制图，如今在这个讲台一站就是 30 年。用朱老师自己的话来说就是：“如果说到目前为止哪一件事情是我坚持最长久的，那就是制图，它已经融入到我的身体，成为了生活中的一部分。

朱老师说：“从一个谋生的职业发展到自己的钻营兴趣，图学让我感受到了无限的乐趣。虽然现在计算机辅助制图软件有很多，但我依然还是很着迷于手工绘图。”

朱老师说至今还有很多学生问他，在制图软件普及的今天，机械制图手绘还有必要吗？零件装配体在 CAD 中可以准确轻松地表达出来。当学生们和朱老师说“手工绘图只是一种表演或者传说”时，朱老师都会很认真地告诉学生，中国有句古语叫“知其然知其所以然”，只有通过学习手工绘图才能更好地理解制图的原理。

二、守正也需创新

朱老师说，手工绘图具有严格的规范性，从点、线、面、体的三面投影，再到体的截切、相贯、组合，这是一个循序渐进的过程。学生通过亲力亲为的绘图，会逐步建立空间思维，培养空间想象和空间构型，这一过程是手、脑、眼的并用，手工绘图可以培养学生认真负责的工作态度和严谨细致的工作作风，这就是“工匠精神”最形象的诠释。这也是他这么多年坚持讲授手工绘制机械制图课程的原因。

在坚守传统教学方法的基础上，朱伟刚老师还主动探索课堂教学新方法。从 2014 年开始，学习研究移动互联环境下怎样促进技工教学，如何让智能手机成为辅助学生学习的有力工具。2015 年在教学中创新性地引入以蓝墨云班课 APP 工具为核心应用的移动云教学方法，在课堂教学中倡导应用智能手机开展轻松、有趣的互动教学，增强学生课堂学习的参与感和互动性，顺应了智能云教学时代的新型教学改革的趋势与方向，得到了学生们的欢迎与支持。2021 年，学校推广使用学习通平台，作为辅助课堂和线上教学工具。朱伟刚老师主动学习平台建课、课堂活动、作业、考试等功能，并将其有机融入教学中。

三、老骥伏枥志在千里

如果你认为朱伟刚老师只会上制图课，那你就太不了解朱伟刚老师了。朱伟刚老师不仅制图教得好、信息化教学用得好，还是一个名副其实的金属 3D 打印的行家里手。

作为老机械人，朱老师并没有默守成规，他意识到随着科技的迅速发展，传统的制造业生产方式正在经历一场深刻的变革，多年的专业积累让他意识到金属 3D 打印技术是制造业未来的发展趋势，正在改变着制造业的未来，于是他主动学习、尝试应用，并组建了学校金属 3D 打印实验室。学生说："上朱老师的课还是有点压力的，因为朱老师讲解一个原理时，会把和这个原理有关的基础知识刨根一样的问清楚。"在朱老师看来，知识体系的构建是系统的，讲一门课容易，但是要讲清一门课却不是一件容易的事情，这需要大量的知识背书，才能知其所以然，这样学生在日后的工作学习中，才能应对各种未知的情况。他说："这才是育人与育才的结合过程。"

当问到他这样会不会让学生在评教时给他差评，他说："没关系，我的差评只是一时的结果，但如果学生学不到位，那可能影响的就是他的人生了。路遥知马力，日久见人心。学生以后会知道的。"

【后记述评】 功成不必在我 功成必定有我

在与朱伟刚老师的交流中，温润、儒雅、条理清晰，是他给人的第一印象。总觉得他是一块被时间和岁月洗礼过的璞玉，和他聊专业、聊发展、聊现在的智能制造，他总能用闭环的逻辑，清晰地描述他的认知，让人不得不佩服，这是历经岁月沉淀和知识积累后才能有的睿智和云淡风轻。

在历史的长河中，每一朵浪花都承载着无数人的梦想与努力，每一次社会的进步与飞跃，都是无数个体默默奉献、不懈追求的结果。在这个过程中，"功成不必在我"与"功成必定有我"两种精神境界，如同并蒂之花，共同绽放于时代的舞台上，引领着我们向着更加辉煌的未来迈进。

一、功成不必在我：高远的情怀与担当

"功成不必在我"，这是一种超脱个人得失、放眼全局的博大情怀。它告诉我们，在追求事业成功的过程中，不应过分计较个人的名利与得失，而应将目光投向更远的未来，更应

该考虑的是集体的利益、国家的繁荣和民族的复兴。这种精神，是无数先贤志士的共同信念，他们深知，个人的力量虽微，但汇聚起来便能成为推动历史车轮滚滚向前的强大动力。

从古代的大禹治水三过家门而不入，到近代的周恩来总理“为中华之崛起而读书”，再到现代无数科研工作者在荒漠中默默耕耘，只为那一朵“蘑菇云”的绽放……他们无一不是在用实际行动诠释着“功成不必在我”的崇高境界。他们深知，自己所做的一切，都是为了更远大的目标，为了下一代的幸福与安宁，个人的功名利禄，早已置之度外。

二、功成必定有我：坚定的信念与行动

“功成不必在我”并不意味着消极避世或无所作为。相反，它更需要我们拥有“功成必定有我”的坚定信念与积极行动。这种信念，是对自我价值的肯定，是对责任与使命的担当。功成必定有我告诉我们，在历史的洪流中，每个人都是不可或缺的一份子，每个人的努力与贡献，都是推动社会进步的重要力量。

当我们面对困难与挑战时，不应退缩与逃避，而应勇往直前，积极寻找解决问题的方法与途径。无论是在科研攻关的最前沿，还是在乡村振兴的第一线，亦或是在疫情防控的最前沿，都需要我们挺身而出，用实际行动践行“功成必定有我”的誓言。正是这些看似微不足道的努力与坚持，汇聚成了推动社会进步的磅礴力量。

三、每一滴汗水都不会白流

“功成不必在我”与“功成必定有我”，两者相辅相成，共同构成了时代的精神底色。它们既是对个人品质的高度要求，也是对社会发展的深刻洞察。在未来的日子里，让我们继续秉持这两种精神境界，以更加饱满的热情、更加坚定的信念、更加扎实的行动，为实现中华民族伟大复兴的中国梦贡献自己的力量。我们深知在历史的长河中，每一滴汗水都不会白流，每一份努力都将被铭记。

王旭：

用传统手艺雕塑时光故事

王旭正在指导学生进行精细木工实操训练

【背景介绍】 宁波技师学院精细木工项目的领航人

一个外表粗犷的西北汉子竟然让生硬的木材柔软起来，他从雕塑到陶艺、再从陶艺到木工，在艺术跨界融合的道路上做着各种不安分的尝试和实践，也让宁波技师学院艺术类专业一路生花，走出了别样的精彩之路。

王旭老师毕业于西安美术学院雕塑专业，因在读书期间在机缘巧合下接触到了木工，却未曾料想这样一块小小的木头竟然让他成为了一位会设计、懂美学、有手艺的新时代木工。

【他的故事】 造物之人的玲珑心

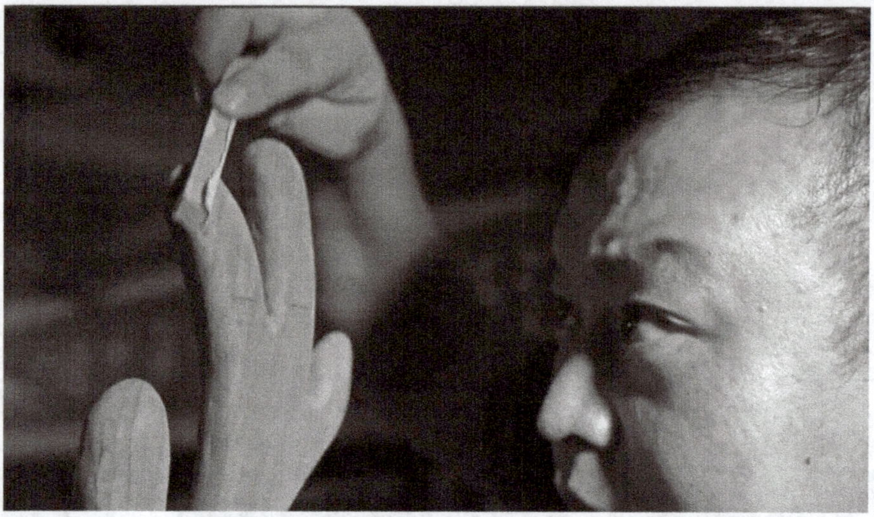

王旭老师正在对木雕作品进行打磨

一、让木头化腐朽为神奇的西北汉子

王旭老师说："虽然木头是树木的终结，但从它的形态中依然可以看出树木的成长、时光的沉淀。"在王旭老师的带领下，宁技学子用大大小小近千件工匠所用的工具（如锯子、刨、方尺等各种常见的或不常见的），以手工艺的方式将树木的灵魂延续，在细细的打磨和榫卯的组合中，将脑海中器物本身的样子雕琢出来，还原传统的木器之美，淬炼宁技学子的匠心之路。

王旭老师指导的学生参加宁波保国寺"思创营造"传统木作竞赛

二、让陶艺从曲高和寡走向阳春白雪的西北汉子

王旭老师在学校除了有一个“柔软细腻”的木工训练基地外，还有一个“热火朝天”的陶艺工坊。他说：“陶艺可不只是玩泥巴这么简单，在揉、捏、搓、拉的过程中，更是心的安放和沉静。”王旭老师作为艺术专业的毕业生来到技工院校从事艺术类专业教学，在教学过程中，他发现很多技工院校学生都对枯燥的学习不感兴趣，如果让他们坐在画板前画几个小时的画，更是坐不住，不是要去厕所，就是要偷偷看手机。王旭老师为此很头疼，他在想用一种什么样的方式可以让学生能沉下心来做一件事。

雕塑，专业性太强，对学生的要求高。正在王旭老师为之苦恼时，宁波青少年宫的陶艺活动让王旭老师看到了挖掘学生兴趣的法宝，于是在他的奔走下，宁波技师学院陶艺工坊逐渐有了清晰的雏形。

宁波技师学院陶艺工坊一角

在王旭老师的带动下，学生玩泥巴的天性释放，思维在指尖跳动，在一捏、一划、一拍中将自己对生活的情感和精神、理解和创意都融入作品中。尤其是当拿到烧好的作品，看着一块不起眼的陶泥，经过自己的创作，变成了一件精美的艺术品，学生们眼中闪过的神情和光芒，让王旭觉得他们的眼里终于有了光，也让王旭更加坚定了自己继续走下去的决心。

学生们在陶艺工坊的作品展

王旭老师，一位憨实而朴素的西北汉子，却在用一颗细腻之心，让传统手艺在新时代重新雕塑它的时光故事！

王旭老师创作的陶艺作品《路漫漫》

王旭老师指导学生创作的陶艺作品的获奖证书

【后记述评】 让传统手工艺在新时代焕发时代光彩

亲爱的Z世代：

在这个充满无限可能的智能时代，你们一出生就被各种高科技产品和快速消费文化所包围。然而，在这个快速变化的世界里，传统手工艺，尤其是精细木工，仍然以其独特的魅力，等待着你们去发现、去学习、去传承。

一、技能，是通往未来的钥匙

不要单纯的迷恋“知识”所带来的学历，先想想你所学的知识对你现在的工作有多大帮助。回忆学习的经历，你就会发现掌握知识的方法很简单，就是通过理解和记忆把知识储存进你的脑海，就像把物品储存在匣子里。在校期间，学习的数学、物理、化学、历史、地理、政治……都属于知识。所以，学习知识，要用“脑”。

但是，什么是技能？与知识相比，技能就是那些你掌握了方法论，但是不亲自实践就不会的事情。例如：骑自行车，用脚蹬踏板，用手扶车把，一看就明白，但是初次上手操作时肯定是不会的。而且光靠“学”怎么学也不可能学会，必须通过“习”，上手实操才能够学会。所以，当我们再回过头回答开篇的那个问题时，我相信每个人都已经有了自己的答案。

二、传承，是责任也是荣耀

如今万物正在接入AI时，我们会发现“手”的参与度，正在逐渐降低。可当我们惊叹于故宫的恢宏时，抬头仰望就会看见许多攒斗拱，攒斗拱是中国古代力学智慧的结晶。这种传统木作的接合方式，靠的是榫卯。榫，“剡木入窍”；卯，“以虚入盈”。凸出的部分是榫，凹进的部分是卯。榫与卯相扣，使各个组成部分契合为一。梁思成先生曾经说过，斗拱在中国建筑上的地位，犹柱饰之于希腊罗马建筑；斗拱之变化，谓为中国建筑之变化，亦未尝不可。

精细木工用的就是榫卯技术，所以它不仅仅是一门技能，更是一种艺术，一种文化，一种智慧。在精细木工的世界里，每一次切割、每一次打磨，都是对创造力的一次挑战。而它也与传统的“天人合一”哲学思想相一致，更让一件看似没有生命的家具或建筑有了灵魂。

三、创新，让传统焕发新生

西方人喜欢用石料，中国人喜欢用木材。有人说，这是因为西方诸国文化起源于希腊，而希腊靠近海岸线，盛产石料，所以建筑多用坚固的石头。而中华文明发端于内陆，盛产树木，取材方便，因此传统建筑以木构建筑为主流。比起石头建筑的坚硬、沉重、刚烈，木头建筑自然、朴素、亲切、友好，更富有天然的生命情调和人情味。传统手工艺并非一成不变，它需要在传承中不断创新，以适应时代的需求和发展。

作为新时代的年轻人，拥有更加开放的视野和更加活跃的思维，这正是推动精细木工等传统手工艺创新发展的关键力量。通过学习精细木工，可以在保留传统技艺精髓的基础上，融入现代设计理念和技术手段，创造出既具古典韵味又不失现代感的新作品。这样的创新，不仅能让传统手工艺焕发出新的生机与活力，更能为我们的生活增添美好与惊喜。用一双巧手，在刮、砍、凿中体验前人的智慧；以一颗匠心，在学、做、研中传承匠人的精神，让传统手工艺在新时代焕发出更加璀璨的光芒。

遇见最美的年华之踏浪篇

赵鹤：

用技能书写别样青春

赵鹤参加共青团浙江省第十五次代表大会

【背景介绍】 以技能走进大学，再从大学走向技能

赵鹤，宁波技师学院电气技术系青年教师，全国技术能手，2018年天津职业技术师范大学毕业后来到宁波，入职宁波技师学院。

赵鹤是宁波市人社局青年先锋队成员，共青团浙江省第十五次代表大会代表。在第二届全国建材机械工业职业技能竞赛工业互联网技术项目中，赵鹤老师与他辅导的学生双双获得全国一等奖，实现了学校在该项目比赛中新的突破。

【他的故事】 以青春之我 圆梦青春

赵鹤和他的学生在 2022 年全国行业职业技能竞赛中双双获奖

赵鹤老师说，和学校里很多同龄人那条“小学 - 初中 - 高中 - 大学”成长路径相比，他求学的前半段是曲折的。

一、我的青春关键词——技能

2011 年，中考结束后，赵鹤选择了一所技工学校读书。通过在技工学校的学习，逐渐对技能有了新的认识，真切感受到了国家对技能人才培养的日益重视，坚定了他对技能学习的信心。赵鹤老师说：“命运为你关上一扇门，也必定会为你打开一扇窗。我长在新时代，感受着新时代技能培育的春风，也在技能追梦的路上重拾信心。2016 年，我在天津市高职高专职业技能大赛机电一体化项目中获得一等奖；同年，又在全国大学生电气与自动化大赛中获得二等奖，在全国高职高专职业技能大赛自动化生产线邀请赛项目获得一等奖……，一个个奖杯的背后，是一场场刻苦的训练和一滴滴流淌的汗水。这些奋斗和汗水也换来了保送本科的学习机会，当然也圆了我的大学梦。2018 年年底，在宁波技师学院公开招聘中，我以技能考核第一名的成绩进入了宁波技师学院，成为了一名光荣的人民教师。”

当赵鹤回忆起这段青葱岁月时，他说：“今天的我感谢昨天努力奋斗的自己。从一名技工学校学生转变为一名技工院校教师，这是一次自我的成长，也是一次成长的蜕变，所以我的青春的关键词是‘技能’。”

二、我们的青春关键词——技能

当赵鹤以教师身份进入学校，走上讲台面对一张张稚嫩的脸庞和一双双迷惘的双眼时，仿佛看到了曾经的自己。

因为年轻，所以靠近。他在日常教学、竞赛指导、技师研修以及社团管理中，以自己的亲身经历来激励学生。他通过造物空间兴趣社团，让学生慢慢改变对技能“脏、累、苦”的刻板印象，让他们在各种物联小玩意的造物中，感受技能学习带给生活的改变和乐趣。

赵鹤（右一）指导学生进行技能实操训练

赵鹤回忆说，在他教过的学生中，有一位叫俞泽晖的同学，在学校集训队选拔中，训练成绩不突出，但他从俞同学的日常训练中看到了他对技能的执着，所以赵鹤根据他的自身情况，为他量身制订了训练方案。俞同学也不负众望，刻苦训练，最终在中华人民共和国第一届职业技能大赛工业控制项目中以优胜奖入选国家集训队。2022 年毕业的俞同学，也通过自己的一技之长进入宁波北仑职业高级中学，也成为了一名光荣的人民教师。

当赵鹤一个人的青春变成一群宁技学子的青春时，真的就像习近平总书记所说的那样：现在青春是用来奋斗的，将来青春是用来回忆的。

三、未来的青春关键词——技能

赵鹤作为电气专业的青年教师，对工业互联网和工业机器人情有独钟。在教学过程中，不断寻求专业突破，主动承担起学校建设工业互联网与大数据应用专业的任务，为全国其他技工院校开展相关专业提供了实践参考和借鉴。

赵鹤日常技能训练照

“很多年轻人对技能都存在偏见，因此从青少年抓起，开展青少年职业启蒙、职业体验，播下‘技能梦想’的种子，作为青年一代这是义不容辞的责任。作为技师学院的一名教师，更深感责任重大。”赵老师表示，要以青春之我践行“强国有我”的诺言，实现技能青春，青春中国！

【后记述评】 予青春以技能 让梦想万丈光芒

2014年12月18日，联合国大会第69届会议宣布每年7月15日为“世界青年技能日”，旨在通过技能解决青年中大量存在的失业和就业不足问题，为他们创造更好的社会和经济条件。可是当青年遇见技能时，你想到的是什么？一般人们更倾向于做“技能+青年=技能青年”这样的逻辑组合，这不免令人有一种痛心疾首的感觉，因为它应该是“青年=青年+技能”的逻辑等式关系。

一、青年不止有孔乙己的“长衫”

“青年”这一概念正式确立于19世纪。从孔子“吾十有五而志于学，三十而立，四十而不惑，五十而知天命，六十而耳顺，七十而从心所欲”中可窥见一斑，从唐诗宋词到明清小说，中国古代没有“青年”这一概念。随着大工业时代的到来，不同于少年、成年、老年的过渡期出现了，于是就有了现在的“青年”。在我国，“青年”一词是在陈独秀创办《新青年》以及1919年的“五四运动”后才逐渐被广泛使用的。由此可以看出，青年是伴随着工业化、社会进步和国家发展而出现并变成中流砥柱的。

根据国家统计局人口普查时的界定，我国将18~35岁的人定义为青年。从18岁“一日看尽长安花”的春风得意，到20岁出头“乘风好去，长空万里，直下看山河”的人生意气，再到而立之年“莫见长安行乐处，空令岁月易蹉跎”的前程奔波，这是青年从立业最初的理想到现实的真实写照。从立业到就业，一头连着万家灯火，一头连着经济大局。走出校园步入职场的青年，是家庭新的顶梁柱，是企业创新与活力的源泉，更是社会经济发展的新生动力。

2023 年，我国有 1158 万应届高校毕业生走出校园。当人们关注 1158 万这个数字时，可曾留意过每年有超 100 万的技工院校毕业生走出校园；当 1158 万的高校毕业生面临最难就业季时，100 万的技工院校毕业生面对的却是要在 7 个 offer 中进行选择的难题；还有那些在城市中打拼的新产业工人，也正在努力地用双手在经济发展中奉献着自己的青春，他们的就业创业问题也需要更多关注。

所以，青年不仅仅是成长阶段的年龄过渡，也是安身立业的一个重要阶段。青年的就业问题是工业化国家和发展中国家共同面临的急迫问题。而“世界技能青年日”的设立，就是对世界范围关注话题的实践注脚，也是对当代青年的有声对话，更是对全社会关注技能的呼吁呐喊。

二、技能也不只是蓝领的“工装”

2022 年 11 月，OpenAI 公司首次面向公众推出 ChatGPT，它只用了两个月就积累了全球 1 亿用户。一方面是它的表现优异，它既可以是老师，在各种职业和学术考试上表现超过绝大多数人类的水平；也可以是工作助手，定计划、写报告、翻译文件、写代码……它的出现颠覆了大部分人的工作认知，也让很多人对自己的饭碗感到了担忧。另一方面，ChatGPT 对可撼动的职业岗位包括，那些依赖科学与批判思维的技能岗位和创造价值且具有不可复制性的体力劳动。于是孔乙己的“长衫”和蓝领的“工装”冲上网络热搜，成为热议话题。一时间，“长衫”和“工装”陷入了非此即彼、非黑即白的二元争论。

所谓的“学习”的范畴是什么？是学习如何获得高分成绩，还是学习获得幸福的能力？如果是学习获得幸福的能力，那么学习的这种能力又是什么？体现在哪里？

长衫或工装都代表着青年对安身立业之路作出的选择，但这不是一道单选题，也不是一条单行线，而是一道没有唯一答案，需要因时而变、因势而动、顺势而为的不定项选择题和可以虚线变道的双车道。这不仅是学习的技能，也包含了技能的学习，是通往终身幸福的技能习得之路。

正所谓“立志而圣则圣矣，立志而贤则贤矣”。青年的人生目标会有不同，职业选择也必然会有差异。但无论何种职业，都必须有所专攻，具备相关的技能和知识，才能够在行业中脱颖而出。所以，技能是技术和能力的综合，也是“工装”和“长衫”的最大公约数。技术是能力的基础和支持，能力是技术的展现和升华，二者缺一不可。没有技术的能力随时会被 AI 取代，不想提升能力的技术也会被时代淘汰。

习近平总书记曾说，新时代中国青年处在中华民族发展的最好时期，既面临着难得的建功立业的人生际遇，也面临着“天将降大任于斯人”的时代使命。从人生际遇到时代使命，需要的就是当代青年既要学会在“长衫”和“工装”之间自由切换的技能，又要有沉下心、俯下身，练好真本领、学好新技能的务实，唯有这样才能擦亮青春的底色！

三、技能让“青年”正青春

2023 年，笔者有幸在第九个世界青年技能日到来之际，对宁波的三位技能匠人进行了访谈。其中一位是十五六岁拿起剪刀时就认定了美发这个安身立业的80后中年发型设计师叶万耿，一位是从业35年的70后剃头老师傅王品珍，还有一位是专修各种重型车辆的00后小伙蒋昕桦。当两位中年人遇见正值青春的青年人时，意味着这是一次前辈们与后浪的对话，也是一种技艺的传承与创新的解读，更是对“青年＝青年＋技能”的求解论证。

站在这三位“全国技术能手”的身边时，可以感受到“技能”的闪闪发光和星光熠熠。叶万耿用了26年获得“全国技术能手”荣誉称号，王品珍用了34年获得“全国技术能手”荣誉称号，而蒋昕桦只用了2年就获得了“全国技术能手”荣誉称号。从34到26，再到2，缩短这个时间的是时代，一个崇尚技能、尊重技能、成就技能的新时代。

不要看低技能，不妨试着自己动手做一餐美食、拧一颗螺丝，你会发现这里面也蕴含着很多学问，只是“不足为外人道也”罢了；也不要看轻技能，当人工智能真的放开使用时，你不一定能让它变成你的得力助手，你会发现所谓的人工智能，真正考验的是使用者对“智能”的技能掌握程度。所以，不要小瞧技能，它是对一个人学习能力、学习态度和学习意识的检验，也是获得终身幸福能力的唯一通路。

当我们在长衫和工装之间左右为难时，不妨学会两条腿走路，不仅能穿得出“长衫”的斯文，也配得上“工装”的酷飒，这才是青年一代“技能成才、技能报国”奔涌向前的双引擎。当然，“自信人生二百年，会当水击三千里”，每一个努力用技能武装自己的人，在新时代奋进路上都青春正当时，都在中华民族伟大复兴的历史进程中演奏着技能强国的青春乐章！

陈弢：我的理想很简单

陈弢正在进行工业机器人设备工艺调试

【背景介绍】 宁波技师学院电器维修达人

陈弢，宁波技师学院电气系工业机器人专业教师，浙江青年工匠。

他身上有宁波技师学院大多数平凡教师们的影子和精神。他们的理想都很简单，好好把专业建设好，让学生学好技能，找到满意的工作，如是而已。

【他的故事】 平凡之路

陈弢老师的故事没有大起大落，也没有惊心动魄，但是却给人一种朴实无华、脚踏实地的感觉，让人不禁想起了一道四川名菜——开水白菜。

一、高中 VS 技校 一位初中生的人生选择

2004 年，陈弢初中毕业。看着自己的成绩单，他陷入了沉思。按照分数，他可以填报普通高中。可是他的心里有一个小小的梦想：他从小就对家用小电器很感兴趣，通过对拆了的小家电重新组装，他曾经制作过一些引以为傲的“小玩意”。

正是这些“小玩意”让他有了“大主意”。这一次他要自己选择自己的人生。于是他决定学一些自己感兴趣的东西！查资料、找学校、作比较，经过多番筛选后，最终他来到了宁波技师学院。

二、企业 VS 学校 一位毕业生的就业选择

在宁波技师学院就读期间，学校正在和宁波中澳捷达机械有限公司合作，为江苏某企业生产钢帘线捻股机。陈弢被学校选中，前往企业参与产品生产。“当时一共去了三个学生，我是留到最后的。老板对我很器重，说我的专业知识和技能水平都很扎实。快毕业时，企业负责人和学校招就办联系，希望我能去他的企业工作。”

面对企业开出的高薪，陈弢当时也犹豫过。那个时候学校电气专业刚刚起步，是依附在汽车技术系的，急需补充师资，夯实专业建设基础。面对学校和企业同时抛出的橄榄枝，陈弢选择了留校任教。

陈弢带领学校“蓝鸟”电子维修服务大队进社区进行志愿服务

陈弢表示，宁波技师学院最大的优势在于校企合作、产教融合的一体化教学模式。去车间训练不是参加比赛的学生的专利，也不是理论课附属的实验课程，而是占据教学时间一半的一体化课程。这样的模式培养出了一批又一批的“陈弢”们，他们能够迅速适应企业环境，在毕业季成为抢手的“香饽饽”。

三、教学 VS 竞赛 一位专业教师的选择

专注教学和参加竞赛，应该往哪个方向发展，这是每一个技工院校老师都会思考的问题！

技能竞赛是最快能够出成绩的领域。陈弢老师先后参加过全国智能制造应用技术技能大赛和全国工业机器人应用技术大赛浙江省选拔赛等比赛，陈弢老师自己和他指导的学生都取得过出色的成绩。在全国首届新职业和数字技术技能大赛移动机器人运维员项目比赛中，陈弢和董文博老师组建的团队获得浙江省第二名。谈到这些比赛成绩，陈弢老师显得很平静。“比赛是要参加的，这是对老师和学生的一种肯定。但是不能只有比赛，如果所有老师都全身心投入比赛，教学怎么办？”

每每谈到竞赛，总能在陈弢老师身上感到一种松弛感。陈弢老师工作十余年，目前还是初级职称，对此陈弢也表示很无奈，但也很淡定。他说在学校发展的过程中，总会有这样或者那样的瓶颈，总是需要一个指挥棒，指挥众人朝着共同的目标前进。他说竞赛很重要，因为竞赛是点，只有突破点才有可能全面开花，否则可能真的就是“酒香也怕巷子深”了。但是，我还是喜欢教学，喜欢沉浸在教学过程中的小积累和小迭代，这些小探索让我在教学过程中充满成就感。他说学校已经有那么多赛项，那么多同事投入那么多精力在竞赛上，那我就扎实做好教学，打牢他们的基础、燃起他们的兴趣，也未尝不是一种参与竞赛的方式！

陈弢和他所带的班级在2015年新生军训会操中获得第一名

课堂的教学质量、对学生的关怀与引导，很多本质的东西往往很难量化评价。获奖和荣誉只能是锦上添花，那些平凡如你我的“陈弢”们，那些看到利益依然选择沉下心来培养学生的“陈弢”们，才是学生和家长所期盼的。

【后记述评】 我们需要学历还是技能？

写陈弢老师的故事时，让笔者想起了多年前发生的一个小插曲。当时正值招生季，为了更好地宣传学校影响力，笔者写了一个女孩的成长故事。这个女孩的中考分数是足够上普通高中的，但是考虑到读书的最终目的是就业，于是她放弃了普高，选择了宁技电子商务专业。在专业学习过程中，她又有幸参与了电商专业校企合作项目，最后因为实训时出色的业务能力，最后留在了企业，并成为了一名出色的项目经理。可是推文一经发出，学校里的一位老师马上提出异议，他认为这种价值宣导是偏颇的，觉得能读高中就要去读高中，不要“鼓动”大家放弃读高中的机会来学技能……

探讨个人成长与职业发展的道路时，学历与技能常常成为人们关注的焦点。这是一个复杂而多维的问题，因为两者在不同情境下都扮演着不可或缺的角色。然而，深入剖析后会发现，真正决定一个人价值与成就的，并非单一的学历或技能，而是二者如何相辅相成，共同促进个人的全面发展。

一、学历：知识与素养的通行证

学历不仅是个人知识水平和综合素质的体现，更是许多职业岗位的准入门槛。通过系统的学习，学历教育能够为学生提供扎实的理论基础、宽广的知识视野和严谨的学术思维。这些素质是在任何领域深入发展所必需的，学历为个人的成长奠定了坚实的基础。

此外，学历还承载着社会的认可与期望。大多数情况下，较高的学历往往能带来更多的机会和选择。高学历不仅是求职时的加分项，更是个人职业晋升和社会地位提升的重要因素。

二、技能：实践中的制胜法宝

然而，仅有学历是远远不够的。在快速变化的现代社会中，技能的重要性日益凸显。技能是个人在特定领域内通过实践、学习和经验积累所获得的专业知识和操作能力。技能直接关联到个人的工作能力和市场价值。拥有扎实专业技能的人能够迅速适应岗位需求，高效解决问题，从而在职场中脱颖而出。

技能的重要性不仅体现在职场竞争力上，更在于它能够帮助个人实现自我价值。通过不断精进技能，个人可以在自己热爱的领域深耕细作，创造出更多的价值和成果。

三、学历与技能的融合：个人发展的双翼

实际上，学历与技能并非是相互排斥的对立面，而是相互促进、共同发展的两个方面。学历为技能提供了坚实的理论基础和宽广的知识背景；而技能则通过实践将理论知识转化为

实际能力，推动个人在职场中的不断进步。

因此，学生需要的是学历与技能的有机结合。在追求高学历的同时，也要注重培养自己的专业技能和实践能力；在精进技能的过程中，也要不断学习和更新自己的知识体系。只有这样，才能在激烈的竞争中保持优势，实现个人价值的最大化。

总之，学历与技能都是个人成长与职业发展中不可或缺的因素。只有将二者有机结合起来，形成自己的核心竞争力，才能在未来的道路上走得更远、更稳。

贺陈挺：

我就是你的起点

热爱骑行的贺陈挺在宁波东钱湖与小伙伴们一同骑行

【背景介绍】 宁波技师学院数控达人

贺陈挺，二级实习指导教师，数铣高级技师，车工高级技师，全国技术能手，浙江省首席技师，浙江省五一劳动奖章获得者，宁波市首席工人。

贺陈挺2011年留校任教，从事数控加工实习教学、产品加工、职业培训和技能竞赛等工作。

【他的故事】 唯有自变，人生才会发生改变

贺陈挺正在进行数控机床操作

一、初入宁技

少年时期的贺陈挺贪玩，对课业学习不感兴趣，2005 年初中毕业后，贺陈挺在父亲的建议下，进入宁波技师学院机械系学习。那时的他依然贪玩，过着当一天和尚撞一天钟的日子，在班级成绩平平，表现也不突出。

到了第三年，开始分专业，他听从了父亲的建议，选择了数控加工专业，进入了 2005 级数控六一班。但这次分班让贺陈挺有了想法，看着曾经和自己一起玩耍的小伙伴，一个个都开始有了自己的规划，再也不像之前那么贪玩。再看看自己的父亲因生活的奔波腰背越来越弯，贺陈挺陷入了沉思，他在心里连问自己三个问题“我以后能干什么”“我以后想干什么”“我以后会干什么”，开始了自我蜕变的成长之路。

二、重识专业

进入数控专业的第二年，学校在技能竞赛上取得了辉煌的成绩。数控专业师生代表浙江省参加第三届全国数控大赛，其中三人获得“全国技术能手”称号。这件事深深刺激了贺陈挺，当他看到自己的学长、老师都可以站在人民大会堂领奖时，他才发现原来自己身处“宝藏”专业，却不得知。

从那时起，贺陈挺开始关注自己的专业。通过实习对数控产生了浓厚的兴趣，同时发现

自己动手能力较强的特点有了发挥的余地。在一件件作品中逐渐找到了自信，开始认真学习专业知识。

贺陈挺在第四届全国数控技能大赛中获得学生组第二名

三、崭露头角

2009 年，贺陈挺因自己在数控加工方面的突出表现，有幸入选了机械系数铣兴趣小组，真正开始了自己的“开挂”人生。2010 年 9 月，贺陈挺代表学校参加浙江省数控技能大赛，获得技师学院组第一名。随后代表浙江省参加第四届全国数控大赛，获得第二名，如愿以偿地站在了人民大会堂的领奖台上。

那时候的贺陈挺品尝到了“春风得意马蹄疾，一日看尽长安花”的成功和喜悦，同时他对未来有着越来越清晰的向往和规划，在技能学习的道路上开启了“飞轮效应”。他不仅在技能学习上驾轻就熟，还积极承担班级和系部的团学工作，不断提升自己的沟通能力和人际交往能力。这些丰富的学生时代的经历，为他日后的从教之路打下了坚实的基础。

四、教书育人

2011 年 7 月，贺陈挺选择留校任教，成为了一名教师。刚开始，他认为自己只是一名普通的技校毕业生，缺少将学生教好的自信。后来他发现自己错了，他说：“我能把技能学好，也一样能教好像我一样的技校学生，能帮助他们找到自己的价值和目标。”

因此，从正式工作的第一天起，他就给自己定了目标，要在专业领域获得成就。因此，他更加努力，他要拿出训练时的那股韧劲，证明自己也和学校其他优秀的老师一样，也可以在自己擅长的领域闯出属于自己的一片天。

贺陈挺（左二）和他指导的学生一起参加第八届全国数控技能大赛

五、技能逐梦

2012—2016 年间，贺陈挺先后以教师身份参加了浙江省职业院校“日发杯”数控技能大赛暨全国数控技能大赛浙江省选拔赛、第七届全国数控大赛、浙江省企业岗位大练兵技能大比武“凯达杯”加工中心操作工技能竞赛等比赛，积累了丰富的比赛经验。2013 年被授予“浙江省首席技师”荣誉称号。2014 年被浙江省总工会授予“浙江省五一劳动奖章”。通过和全国技术高手的较量，贺陈挺不断寻找自身的不足，结合集训队“5+2、白加黑”的训练模式，不断提高自身技能。终于，贺陈挺在 2018 年 10 月举行的第八届全国数控大赛中获得数铣职工组第二名，被授予“全国技术能手”称号，实现了 11 年前他给自己定下的目标，完成了证明自己的第一步。贺陈挺庆幸自己没有放弃。

除了自身的提升，从 2014 年起，贺陈挺开始担任数控铣工、制造团队挑战赛两个项目的竞赛教练，带领学生一起攻克技术难关，提升操作技能。他指导学生陈思铭、岑凯捷参加第 44 届世赛浙江省选拔赛，分别获技工院校第一名和第三名的成绩；指导学生孙楠杰、杨力阳参加第 45 届世界技能大赛宁波市选拔赛，分别获得数铣项目第一名和第三名的成绩。学生孙楠杰参加第 45 届世界技能大赛全国选拔赛制造团队挑战赛项目获得数控加工方向第四名，并入选国家集训队。

【后记述评】 点燃内心之火：找到自己的内驱力

在人生的长河中，每个人都是航行的舵手，面对波澜壮阔或平静如镜的海面，寻找属于自己的方向。在这场旅途中，最强大的动力往往不是来自于外界，而是内心深处那股不息的火焰——内驱力。内驱力如同指南针，引领我们在迷雾中找到方向，激励我们在逆境中坚持前行。如何找到自己的内驱力，并点燃这股力量，让它成为推动我们不断前行的引擎才是更重要的。

一、认识内驱力的本质

顾名思义，内驱力是指来自个体内部的驱动力，它源自内心深处对某一目标或价值的渴望与追求。与外在奖励或压力驱动不同，内驱力更加持久、深刻，能够让人在面对挑战时保持热情与专注，即便是在没有直接回报的情况下也能坚持不懈。内驱力关乎个人的兴趣、信念以及对实现自我价值的追求。

二、探索内心的声音

1）自我反思：静下心来，通过日记、冥想或自我对话的方式，深入探索自己的内心世界。思考那些让自己感到兴奋、充满动力的事情是什么，兴趣、热情在哪些事情上，以及渴望成为什么样的人？

2）尝试与体验：勇于尝试新事物，参与不同的活动或项目。在尝试中，可以逐渐发现哪些领域最能激发自己的好奇心和创造力，哪些任务完成后能给自己带来最大的满足感和成就感。

3）倾听内心的声音：有时候，内心的声音是微弱的，需要用心去听。关注那些不经意间浮现的想法、梦想和愿望，它们往往是内驱力最初的萌芽。

三、设定明确的目标

找到内驱力后，重要的是将这股力量转化为实际行动。设定清晰、具体、可衡量的目标至关重要。这些目标应当与内驱力紧密相连，能够激发热情，并且愿意为之付出努力。同时，将大目标分解为小步骤，每完成一步都是一次对内驱力的强化和肯定。

四、培养成长心态

在追求目标的过程中，难免会遇到挫折和失败。这时，培养一种成长而非固定的心态尤为重要。认识到失败是成长的一部分，每一次跌倒都是向前迈进的一步。保持好奇心，勇于学习新知识，不断挑战自己的极限，让内驱力在克服困难的过程中得到升华。

五、建立支持系统

内驱力虽源自内心，但外界的支持同样不可或缺。寻找志同道合的伙伴，加入相关的社群或组织，与那些能够激励你、理解你的人为伍。同时，也不要忘记向家人、朋友或导师寻求帮助和建议，他们的鼓励和支持将成为你前行路上坚实的后盾。

找到自己的内驱力，是一场关于自我发现与成长的旅程，要求勇于探索、敢于尝试、坚持不懈，并在这个过程中不断学习和成长。当内心的火焰被点燃，你会发现，无论前路多么崎岖，你都能以无比的勇气和坚定的信念，向着心中的目标奋勇前行。因为，你正是由内而外地被一种强大的力量所驱动——那就是内驱力。

遇见最美的年华之守望篇

韩杰：

尽己所能带好这群孩子

韩杰老师正在给班级里的学生过集体生日

【背景介绍】 学生口中的“韩爸爸”

“这些孩子是祖国的未来，我要尽己所能”

——韩杰

他是宁波市“四有”好老师。2019 年 9 月开始，韩杰成为宁波技师学院 43 名黔西南学生的班主任，也成为了黔西南孩子口中的韩爸爸。他用自己的爱心、专业和坚守，帮助这些大山里的孩子追逐技能梦想。

【他的故事】 三个“多一点”成就的大爱

韩杰（右一）带黔西南班学生到宁波博物馆参观

一、多一点耐心

他是细致的“班主任”。

黔西南班学生来自黔西南州不同地区的不同学校，他们彼此之间的学习、生活习惯差别很大，再加上宁波和黔西南州的气候和文化差异，如何让这些孩子适应宁波技师学院的校园生活，成为摆在韩老师面前的第一个问题。“这些孩子来自不同地区，年龄普遍偏小，对事物的理解不全面，又远离父母，有些东西需要老师反复强调和引导。”韩老师这样说道。刷卡、内务、上课纪律、仪容仪表……师生在这些琐碎却不简单的小事中相互磨合，共同成长。

“韩老师经常在课间询问任课老师我们上课的情况，晚自习后到寝室来看我们，我们什么时候需要帮助，他都在那里。”班里的杨盼盼同学这样谈起初入学校的日子。多问一句、多看一眼、多叮嘱一声……韩老师对这些正在长大的孩子，付出了格外多的辛苦和关注。

二、多一点关爱

他是亲切的“大家长”。

接手黔西南班级之初，正值韩老师的爱人援疆支教，家中的孩子刚上初一。在家中，韩老师既当爹又当妈；工作中，他并没有因此而推脱懈怠。韩老师说：“自己的孩子是孩子，别人的孩子也是孩子。既然他们的父母把他们送到这里来求学问道，这就是对咱们的信任。那咱们就要尽全力做好技能育人的使命职责。”为了更好地照顾这些黔西南学子，他将家临时安在了学校对面的小区。深夜有学生生病，他第一时间赶到医院；中秋、国庆等节假日学生无法回家，他分批邀请学生到家中制作家常菜；遇到经济困难的学生，他尽己所能为他们解决困难……他成了黔西南学子这个家庭的“大家长”。

韩杰（左二）深夜带学生去医院急诊就医

5 月初，当黔西南学子准备复学时，韩老师千里赴黔，接这些孩子乘坐学校为他们订制的复学大巴返甬复学。出发前，他贴心地为孩子们准备了防疫物资和他们喜欢的特色小食，历经近 50 小时的长途跋涉，5 月 7 日凌晨，韩老师陪同这些黔西南学子平安抵达学校。

2020 年疫情期间韩杰远赴黔西南专车接他的“孩子们”回宁波复学

复学后，根据疫情防控要求，学校进行封闭管理，为了丰富这些孩子的校园生活，韩老师每周在班级组织各类文体活动，定期开展心理疏导，让学生的校园生活丰富精彩。

观光游览宁波、举办集体生日会、组织与宁波本地学生联谊……韩老师精心设计了一件又一件“平凡小事”，悉心呵护着这些远道而来的花朵。

三、多一点理解

他是温暖的“树洞”。

“明天我要去找韩老师聊天”“明天我约好了，你再约吧”。这样的对话经常发生在黔西南班级，韩老师的“档期”很紧张。远离家乡来到陌生的环境，与同学相处、专业选择等一系列问题时常让这些学生感到迷茫，他们都会去找韩老师商量。韩老师像一个温暖的“树洞”，聆听学生的声音，与同学们分享自己的生活感受。

当这些来自黔西南的学子讲述韩老师的“细碎”小事时，在他们脸上洋溢出来的幸福笑容仿佛都在诉说着韩老师所付出的一切。这就是韩杰老师的育人故事，他没有豪言壮语，有的只是点滴小事，但就是点滴细雨却润物于无声，用师者父母之心感受、聆听着这些来自千里之外的学子的心声；用世范仁爱之心，尽己所能、身体力行地当好黔西南学子的好朋友、大家长和班主任，用爱浇灌这些祖国未来的花朵。

【后记述评】 微微风簇浪 散作满河星

——记宁波技师学院一次特殊而难忘的家访

2023 年 7 月 4 日，宁波技师学院 2022 届数控班学生宋子豪勇救落水女子的事情被报道以来，宋子豪见义勇为的事迹引起了社会关注。但是，这件事情的第一信息源则来自宋子豪父亲的朋友圈。

7 月 4 日一早，宋子豪的班主任韩杰老师在自己的朋友圈看到宋子豪的父亲发了一条“这么多年来，儿子终于做对了一件事”的朋友圈分享，这引起了韩老师的关注。作为宋子豪的班主任，韩老师有每一位学生家长的微信，平时和家长们都有紧密的联系。韩老师第一时间与宋子豪父亲取得联系，了解到宋子豪勇救落水女子的事情。

后来，学校领导和班主任韩杰一起来到宋子豪家里进行慰问。车子七拐八拐行驶在田间小路，两旁绿油油的庄稼地散发着瓜果香气，在蓝天白云的映衬下，不由得想起“日长篱落无人过，惟有蜻蜓蛱蝶飞”的田园生活，也不由得想起“七八个星天外”下的“旧时茅店”，终于在“路转溪桥忽见”处，来到了奉化区剡禾村村委会门口。

宋子豪远远地冲着韩老师一行招手，随后带着我们来到他的家门口，此时，宋子豪的父母早已站在门口等着。当韩老师一行四人涌进不到二十平方米的屋子时，瞬间显得十分拥挤。一张干净而矮小的饭桌上摆着新鲜的水蜜桃，这个家在果香中透露着质朴和善良。

一进门，俞忠耀副校长就看到了贴满奖状的那面墙，墙上贴满了宋子豪从小学到现在获得的奖状。宋妈妈开心而骄傲地说：“老师，这只是一部分，还有一部分没贴上。”上前仔细一看可以发现，都是宋子豪读书期间参加各类体育活动所获的奖状。其中一张格外引起了来人的注意，那是一张宋子豪在小学五年级获得科技创新二等奖的奖状，让韩老师一行对这个孩子有了别样的认识。

宋子豪爸爸有着中国式父爱特有的内敛和严厉，一直在与学校领导和老师了解儿子在学校的各种表现。当了解到孩子的一些小毛病时，会马上甩过来一个严厉的眼神给他；当了解到孩子期末整体成绩还可以时，又马上会露出隐隐的满足和笑意。子豪妈妈则有着中国式母爱特有的包容和宠溺，当被问道“第一时间知道儿子的壮举时，当时心里的第一反应是什么”时，她直言“吃惊和后怕”，但是对儿子的行为却是认可和自豪。子豪的母亲没说出什么华丽的词句，几句简短回答后，就是质朴而爽朗的笑声。此刻，在这对父母身上可以看到很多家长的缩影——自然淳朴、踏实能干，他们对孩子有着最低的要求，就是平安健康的成长；又有着最高的要求，就是为人要正、做事要稳，踏踏实实学一个技能，然后谋得一份工作，安身立业。

当问到宋子豪愿不愿意透过镜头向广大青少年发出暑假防溺水的倡议，他爽快地答应了。他向大家讲了正确的救人方式有哪些。也许宋子豪当时的第一反应只是救人，并不会思考这么多，但是在本能的反应下，有着沉着而正确的举措，这不仅仅是本能了，而是平时安全教育的积累转变成的条件反射，保证落水者和施救者都能安然无恙。很快，倡议视频录制就完成了。

当韩老师一行四人即将离开时，感受到的是“斯是陋室，惟吾德馨”的美好品德，感慨的是“父母之爱子，则为之计深远”的深沉厚爱，感动的是“微微风簇浪，散作满河星”的世间美好。教育的本质不就是种下“真善美”的种子，然后追求“真善美”的生活，最后获得“真善美”的幸福吗？这个无关成绩、无关荣誉，是成长路上父母的言传身教，是传道路上老师的授业解惑，是育人路上杏坛的润物无声。宋子豪，为你点赞！你的点滴微光折射着少年的纯粹和光芒，如星光一样璀璨！

郝灵梅：

一个被称为“郝妈”的好老师

郝灵梅老师参加学生的毕业典礼

【背景介绍】 学生口中的“郝妈”

宁波技师学院有一位郝老师，恰好这位“郝老师”也被学生亲切地称为“好老师”。后来学生觉得叫她“好老师”三个字都不足以体现她的好，于是学生直接称呼她为“郝妈”。

学生口中的这位“郝妈”，就是宁波技师学院郝灵梅老师，宁波市“四有”好老师提名奖获得者。从教近30年，也许她没有亮眼的竞赛成绩和优秀的科研业绩，但是在班主任工作中，这位来自山西的郝老师，恰如山西醋的醇厚，总能在生活中的各种波澜中抚慰人心。她总说我不需要那些外在的荣誉加持，学生们每年一波波的回来探望我就是对我最好的加冕。

【她的故事】 父辈的传承

电子商务专业学生为郝灵梅老师拍摄的形象照

稻盛和夫说过：人生不是一场物质的盛宴，而是一次灵魂的修炼，使它在谢幕之时比开幕之初更加高尚。生命之瑰美，吸引着每一个向它进发的探索者，来自宁波技师学院应用技术系的好老师——郝灵梅，便是这场毕生修行路上的一员。

20 多年前，来自山西的她，在父亲“郝老师”的言传身教下，高考填报志愿时，义无反顾地选择了师范。而且选择的还是专门为职业教育培养教师的师范学院——天津职业技术师范大学，从此便与职业技术教育结下不解之缘。柔弱的外表下，如勇者般无畏，外柔内刚，上下求索，朝夕不倦，在漫漫长路上留下了自己坚实稳健的足迹。多年后，蓦然回首自己二十余载砥砺耕耘的道路时，才发现这一路走来，多的是那份风雨兼程下的沉稳坚毅，不变的是那颗满怀热忱的赤子初心。

一、青衿之志 履践致远

郝老师说她没什么过人之处，没有亮眼的比赛成绩，也不是什么拔尖人才，如果要能和其他老师 PK 的话，恐怕就是她二十几年所教授的专业学科知识，因为从教二十余年，她带了 8 个班级、累计授课千余节、教授内容涉及 5 个专业、二十余门科目。郝老师说一开始她以为教打字、教组装、教排版，是教计算机，可后来发现自己错了！只要是和计算机有关的专业、科目，可能都是计算机老师教的范围。所以郝老师从最开始在电气系教 office 系列、单片机，到应用设计系教电子商务中的 PS、FLASH，再到后来教速录，再到后来教电商直播。

既然选择了教师这个职业，就必须要对得起自己身上的责任。郝老师说父亲就告诉她说：“别人之所以尊称你一声‘老师’，其实是对你所掌握的知识和技能的尊重。所以要想从郝老师变成好老师，你就必须得有一桶水，这样你才能给学生一碗水，才能配得上别人的尊重。”

二、我亦无他 唯勤学尔

飞船定律就是一个宇宙飞船，一旦发射出去，就只有两种命运：一种是摆不脱地心引力，半途掉下来；另一种是挣脱地心引力，飞出去。掉下来还是飞出去，取决于是否达到或超过“环绕速度”。不能高速成长，就只能高速灭亡，没有静止于半空的第三种状态。

面对不断发展的学校、不断扩充的专业，就是飞船定律的应用，郝老师跳出自己的舒适圈，不断精进自己。对于职业技术教育而言，精进自我的方式就是多去企业，多在企业中历练。正所谓，不闻不若闻之，闻之不若见之，见之不若知之，知之不若行之，学至于行而止矣。

三、踔厉奋发 笃行致远

计算机只识别 0、1 代码，不能识别模棱两可的指令；编程时，它只能执行单一明确的指令，如果指令不明确或者前后逻辑不严密，程序就会无法执行或陷入死循环。这种严谨的 IT 思维也被郝老师带入她的工作学习中。

习近平总书记说过功崇惟志，业广惟勤。教师的职业是教书育人，教书要做到“我亦无他，唯勤学尔”，那么对于育人郝老师给自己另外一个挑战，那就是走近学生，做孩子们的“好”姐姐。育人工作中最大的挑战其实就是如何去和学生沟通。很多老师都认为技工教育是兜底教育，很多都是被普高、职高拒之门外的学生，可郝老师不这么认为，郝老师认为他们都是孩子，他们被拒之门外的原因只是因为分数不达标，但这并不代表着他们其他方面也不达标。孩子们本质都是好的，就看你用什么标尺衡量。如果用分数衡量，那确实尺有所短寸有所长；但是以后在社会上生存下去的一定都是分数好的吗？也正是基于自己这样的准则，郝老师和学生做朋友，做知心“好”老师。

每年教师节，郝老师都会收到不同届学生寄来的鲜花，那一刻她觉得她是这个世界上最幸福的人。

四、行远自迩　不忘初心

道虽迩，不行不至；事虽小，不为不成。教师就是麦田里的守望者，撒下育人的初心，操千曲而后晓声，观千剑而后识器。郝老师作为一名共产党员，在建党百年的党史学习教育中，她说她更加深刻理解、领悟了习近平总书记在庆祝中国共产党成立95周年大会上所讲的：一切向前走，都不能忘记走过的路；走得再远、走到再光辉的未来，也不能忘记走过的过去，不能忘记为什么出发。面向未来，面对挑战，全党同志一定要不忘初心、继续前进。

青衿之志，履践致远。每一天都要活在自己的热爱里。这是对郝老师最好的注解。回望来时的路，纵有艰难险阻，也要坚定不移，以无悔之努力，不动之决心，奋发之斗志，昂扬之意气，披荆斩棘，砥砺前行。“人生在勤，勤则不匮”。要始终将知勤知勉贯穿奋斗路，不于安逸荒废，不于琐碎耗损，不负四载青春韶华。路漫漫其修远兮，知者千百，行者无几，从祖国的西北到东南沿海，一路走来，不改初心，传道、授业、解惑，以赤子之心，展咫尺匠心，一腔跃马报国志，有生皆为少年时！

【后记述评】传承的力量

在历史的长河中，有一种力量，它跨越时空，连接着过去与未来，承载着智慧与技艺的薪火相传，这便是“传承的力量”。在无数个行业与领域中，无论是子承父业，还是师徒传承，代表的不仅是技艺的延续与发扬，更深刻地影响着社会文化的延续与发展。

一、传承是血脉中的责任与荣耀

在中国有一个文化叫“世家文化”，是一种基于血缘关系的自然传承方式，它不仅仅是职业的选择，更是一种家族荣誉与责任的接力。从手工技艺到农耕技术，从医术到武学，无数家族通过代代相传，将祖辈的智慧与技艺精心雕琢，使之成为家族乃至民族的瑰宝。如“同仁堂”　“胡庆余堂”，历经数百年，依然屹立不倒，其背后是无数代人对医术的刻苦钻研与不懈追求。一代代继承者，让这些古老的医术得以保存，在现代医学的冲击下，依然焕发着新的生机。这种传承，不仅仅是技术的传递，更是一种对生命敬畏、与自然和谐相处的哲学思想的延续。

二、传承是匠心独运的情深与厚谊

如果说子承父业是血脉中的自然流淌，那么师徒传承则是跨越血缘，基于共同理想与追求的深度联结。在中国传统社会，师徒关系被视为仅次于父子关系的重要纽带，师父不仅传授技艺，更以身作则，教导徒弟为人处世的道理。一位好的师父，不仅要技艺高超，更要具备慧眼识人的能力，挑选出真正热爱并愿意为之付出的徒弟。通过口传心授，徒弟在日复一日的练习中，逐渐领悟技艺的精髓，同时也学会了师傅对待工作的态度与人生的哲学。这种传承，不仅仅是技艺的复制，更是精神与情感的深度交融，师徒之间往往建立起超越血缘的深厚情谊。

三、传承是时代和民族创新与发展的源泉

无论是子承父业还是师徒传承，其核心都在于“传”与“承”二字。传，是前辈的智慧与经验；承，则是后辈的接纳与创新。恰如“教师”和“师父”，虽在职业角色上有所差异，但他们都承担着培养后辈、传承知识与技能的重任，他们是引导者和启发者。所谓“传道”“授业”“解惑”，他们又如父母一般，在传承的过程中，在理解时代发展意蕴的基础上，在下一代人身上种下理想和信念的种子，让文化发扬光大、让技能更新迭代、让时代的车轮在一代代传承中奔涌向前，焕发出新生力。

传承的力量，是文化自信的体现，是民族精神的延续，更是文化常青滋养的源泉。无论是刘庆华、高吉、蒋昕桦、翁研、博派汽车创业团队他们在技术领域中的迭代与延续，还是徐容平、许明明、张益、贺陈挺他们在成长路上的追逐与奔赴，亦或是丁澄洋与郝灵梅的子承父业，夏琦男与徐志勤的师徒传承，再或是朱伟刚、陈弢、韩杰、赵鹤他们的自我追求与突破，他们都是在这个快速变化的时代中，感受着来自父辈、前辈和朋辈的影响与力量。这力量就是传承的力量，是让古老的智慧在新时代绽放更加璀璨光芒的力量，是一个学校、家庭、社会、国家赓续向前的力量，这一个个点滴的力量融进了文化，形成了向心力，让我们美美与共。